U0448181

破茧

隔离、信任与未来

施展 著

目　录
Contents

前言　记忆与未来 001

第一部分　问题：风险社会中的观念茧房 001
　　第一章　信息茧房时代 003
　　第二章　观念对现实的遮蔽 023

第二部分　现实：国际与国内的一体两面 047
　　第三章　隔离与信任 049
　　第四章　中国经济成长的逻辑 073
　　第五章　开放与封闭的对抗 091
　　第六章　海洋秩序的逻辑与中国的新机会 105
　　第七章　普通法与成文法 123
　　第八章　美国力量的源头 145

第三部分　未来：信息技术时代的人类秩序 177

　　第九章　信息技术时代的工业革命 179

　　第十章　字节跳动们的路标 193

　　第十一章　"全球数字治理联盟"与商人秩序 213

　　第十二章　信息技术时代的全球分配正义 251

后记 269

注释 273

前 言
记忆与未来

庚子年，大瘟疫。

伴随瘟疫而来的，是不断腾空而起的"黑天鹅"。瘟疫、灾难，从来都是与人类的历史共存的，尽管最近三四十年来的承平可能让人忘记了这一点。人类必须面对临于头上的灾难，但是如何才不至于不断重蹈覆辙？条件之一便是，我们会如何记忆它们。

瘟疫初起之际，北京大学历史系罗新教授在微博中写道："一生所学，只为此刻。"我读到这八个字，马上就联想起好友、华东师大的邱立波教授多年前讲的熊十力的故事。在抗战最艰难的时候，有人问他此时最重要的是什么，熊十力回答得简单铿锵："读经！"

抗战最艰难之际，国运已到谷底，若想能重新站起来，除非这个民族有足够强韧的精神内核。熊十力意识到，精神内核已崩，倘不能重建，此族必亡。如何重建？从我辈重新读经、再造精神内核开始！读经，看似是柔弱无用之事，岂不知，在一个族群危急存亡之际，这恰是最为刚健之事。老子有云："天下之至柔，驰骋天下之至坚，无有入无间，吾是以知无为之有益。"

对中国人这样的本就高度世俗化的人群来说，又是在一个已经高度祛魅的时代，"经"在哪里？它就在我们关于历史的记忆里。关于历史的记忆，实际上就是一个族群对"我是谁"这个问题的最深刻回答，是我们表达自己对尊严与价值的理解的具体载体。

美剧《权力的游戏》中的肥宅山姆，这个懦弱又善良的人，在北境长城的雪原中经历了各种生死之变，在绝望之际到学城来领受自己的召唤。他从荒蛮残暴的丛林世界中挣扎着来到学城，进入学城的图书馆时，突然看到无数排高耸的书架，瞬间感受到一种撼人心魄的威严。这里储存着世界的记忆，外面那些荒蛮残暴的人，可能完全不知道这里的存在，但这里正是挣扎在血污当中的人们，无论是强者还是弱者，最终有机会获得作为人的尊严的希望所在。学城的大学士对山姆说："在学城，我们活着有不同的目的。我们是这个世界的记忆，山姆威尔·塔利。没有我们，人类只会比狗强一点。"

这就是为什么那些高耸入云的书架，能够带给人类真正的尊严。历史学家不仅要把"此刻"记录下来，还要在历史中找到那些构成记忆节点的"此刻"，为它们赋予统一连贯的意义，让它们构成我们的"历史"，构成"我们"；在灾难之时，为这个民族埋下他日能够精神涅槃的种子。对历史学家来说，每一个被经历的时刻都是"此刻"，转瞬即逝的"此刻"却又在记忆中绵延不绝。历史学家如何记忆，这个民族就会如何记忆。

历史学家的记忆，并不是对一个整齐划一的完美世界的描摹，而是要记录下真实世界的各种多愁善感，各种自生自发，各种无可奈何，各种不尽完美。生活的意义就在那种不完美、不整齐当中，倘若一切都是完美的，那就像一场永远都不可能输的游戏，意义也就干涸了。

在一个整齐划一的完美世界，其中的人也就没有了选择的必要与可能，人成了被规定的存在，丧失了自由。这会在事实上让人放弃对责任的担当，进而放弃对自己行为后果的承担，放弃对自己肆意欲望的节制，放弃对自己生命意义的追索。如果把这些都放弃了，人就是个"巨婴"，只要开心就百依百顺，一不开心就撒泼打滚。然而，真实的世界并没有义务惯着你。

所有这些，都对历史学家提出了严肃的时代命题：你当如何记忆？你当如何为这个民族保存记忆？你当以什么样的话语为这个民族保存记忆？

记忆不是为了活在过去，它恰恰是为了朝向未来。通过记忆，认清当下的我们是谁、我们的所在、我们与世界的关系，才能知道在一个波谲云诡、变动不居的时代，如何寻找通往未来的道路。通过记忆，一系列的"此刻"进入了历史，它们也就进入了未来。

这本小书留存了我和朋友们在这一年来的一些记忆。它们与我们关于历史的记忆，共同铺陈开我们对当下的理解，也勾勒出我和朋友们所构想的未来。

第一部分

问题：

风险社会中的观念茧房

第一章
信息茧房时代

在2018年年底,面对即将来临的一年,网上流传着一个很扎心的说法:"2019年会是过去十年里最差的一年,但它很可能是未来十年里最好的一年。"虽然很多人都在故作深沉地转发这句话,但实际上很少有人相信未来真的会那么糟。人总是喜欢对外表现得很悲观,但在悲观的外壳之下,人们都会为自己保留一点希望的火苗。

但2020年刚一开头,新冠疫情的蔓延就把很多人内心的乐观一下子击穿了,埋藏在人类基因里的恐惧迅速地被唤醒。2020年1月,当每一个人都在为新一年乃至下一个十年制订计划之时,世界的计划却似乎乱了。饥荒、瘟疫和战争——人类过去几千年面对的最大的三个问题,在这一个月里以一种谁也没想到的方式卷土重来了,尽管我们之前分明觉得现代社会已经基本解决了这三个问题。

2020年1月3日,伊拉克首都巴格达国际机场附近遭美军三枚导弹袭击，伊朗谍王苏莱曼尼被定点击杀。一时间，第三次世界大战一触即发的消息在互联网上不胫而走。

同样在这个1月，起源自也门的沙漠蝗虫向西跨过了红海和亚丁湾，开始肆虐索马里等东非国家，向东已经跨过波斯湾到达巴基斯坦。2月1日巴基斯坦宣布进入国家紧急状态。蝗虫肆虐唤醒了深植于人类基因中对饥饿的恐惧。

虽然突发事件一个接着一个，但大多数国人还是抱着"吃瓜"的心态来看的。毕竟世界再乱，只要影响不到自己，就都是当成热闹看的好素材。但新冠疫情的暴发，打破了所有人的"吃瓜"心态；全国范围的隔离和防控，打乱了所有人回乡探亲、返城工作、出国留学和外出旅行等计划。这也是这次疫情和以往的"黑天鹅"事件最大的不同，它不再只是一个大家都在谈论的认知上的公共话题，而是一个会真正影响到每个人的生活，甚至会彻底改变一些人的生活方式的公共事件。

现代社会即风险社会

瘟疫和病毒古已有之，但病毒和对它的恐惧的全球性蔓延，却是一种现代性的现象。正如德国社会学家乌尔里希·贝克所指出的，现代社会实际上已经进入了一种风险社会。"风险"并不是一个现代性的发明,任何一个出发去发现新大陆的人,比如哥伦布,当然已经认识到了"风险"。但这些是个人的风险,不像那些随核裂变和放射性废料储藏而出现的问题,会构成对整个人类的威胁。[1]

在古代,瘟疫固然可怕,有时甚至导致一城人"团灭",但由于过去地理空间较为隔绝,人员流动缓慢,瘟疫不太可能成为全国或者全球性的大危机。但随着铁路、公路和航线把全世界编织在一起,任何地域性的公共卫生危机都有可能转变为全球性的危机。正如约翰·多恩那首著名的诗里所写的:"没有谁是一座孤岛,在大海里独踞;每个人都像一块小小的泥土,连接成整个陆地……因此,不要问丧钟为谁而鸣,丧钟为你而鸣。"

风险社会的特点是风险具有不可预测性。在古代社会,分工相对简单,社会的结构也相对简单。这种社会的优点是好理解,因为本来社会就没有那么多分工,所以谁该干什么以及相互之间要怎么配合都是显而易见的,一个人不需要太多知识就能掌握社会的分工体系,进而调动社会资源应对紧急情况。所以,在古代,一个读圣贤书出来的士人,往往也能承担大任、经世济民。

而现代社会最大的特点是分工高度复杂和细化,每个人都凭借其专业知识,承担着自己领域内的一个细小分工,但这个领域整体上到底是怎么回事,很少有人能够把握。上升到全社会层面,问题就更复杂了。现代社会运转机理之复杂,超出了单个个体的理解能力,没有人能清楚地知道它究竟是怎么运转的,我们只是知道它在运转。这意味着，很有可能我们都不知道的某件事情，就会导致一个整体的系统性崩溃；在极为复杂的关系网络中，风险传导的后果可能是出乎所有人意料的。2020年，我们经历了太多由"黑天鹅"引发的令人瞠目结舌的连锁反应，能做的只剩下不断地哀叹"见证历史"。

尽管风险的出现和传导过程令人难以捉摸，但应对风险还是要依靠专业化的知识和高效的行动力。在风险社会中，虽然我们没法确定危机什么时候到来，但有一点可以确定，那就是危机一定不会爽约。正如贝克所说："你可以拥有财富，但必定会受风险的折磨；可以说，风险是文明所强加的。"解铃还须系铃人，现代社会带来的风险也要用现代社会的工具来解决。应对突发风险的正确姿势，是让专业知识以最快的速度转化为全社会的行动，换句话说，就是要让懂的人有权去做对的事。

美国著名学者福山在疫情期间发表了一篇题为《疫情与政治秩序》的文章。文中提出，应对疫情的关键能力在于三点：国家能力、社会信任和领导力（state capacity, social trust, and leadership），也就是能胜任的国家机构、受公民信任和倾听的政府，以及具有领导力的政治领导人。

这三点是相互关联的。要成功应对类似疫情这样的危机，需要公民和政府之间有着基础共识和相互信任，而共识和信任来自两点：一、对危机的应对能力，这需要技术官僚的专业能力来保障；二、危机时期的领导力，这需要政治领导人展现出强大的意志力以及对专业能力的充分尊重。

然而，在这次疫情当中，我们能很直观地感受到，如此重要的社会基础共识，却正在遭遇严重侵蚀。不仅仅是民众与政府之间的共识，民众内部的共识也在严重撕裂。按说今天这样一种繁荣的世界，在社会共识上不应遭遇如此的撕裂，但为何现实却是如此？

我们要理解今天的秩序，必须首先理解这个问题。

共识——风险社会的基石

全社会拥有基础共识，这是现代风险社会能够有效应对风险的前提。原因在于，政策的落实并不能仅仅依靠一套纸面上的抽象条文，更要依靠这个社会的民情。托克维尔在《论美国的民主》中，高度强调了民情对政治的实际运转的重要性。孟德斯鸠在《论法的精神》当中也说："政体的性质是构成政体的东西；而政体的原则是使政体行动的东西。一个是政体本身的构造；一个是使政体运动的人类的感情。"[2] 脱离一个社会的民情，对政治秩序的讨论则会落空。而要观察一个社会的民情，首先就要观察这个社会的基础共识。

一般情况下，国家机器担保法律的效力，人们依靠对法律的共识形成正常的合作关系，从而维持社会秩序运转。一个社会一旦没有了基础共识，对法律的正当性的共识就会破裂，一般的合作规则也就失效了，最终只能依赖暴力来维系秩序。所以说，基础共识是日常的法律秩序能够正常运转的前提。遗憾的是，在当下世界上的很多国家，社会的基础共识都遭到严重侵蚀，于是，法律（规则）的可信度开始遭遇挑战，共识的溃散引发了各种危机。

一个有共识的社会，同样会有争论、冲突；争论、冲突实际上是社会向前演化所必需的一种动力机制。但在有共识的情况下，人们的争论首先是基于逻辑的，是尊重知识的，这样的争论为的是把事情辩明；争论过程所导向的是秩序的迭代演化、风险社会的自我升级。如果没有共识作为基础，人们的争论就只是基于立场，有些人甚至仅仅是为了宣泄情绪，这样的争论过程不会尊重最基本的知识和逻辑，目的只是让己方获胜；争论过程所导向的是秩序的自我败坏、社会的风险叠加，陷入一个恶性循环。

要逻辑还是要立场

过去的争论基于逻辑，现在的争论基于立场，这样一种变化在当今世界的很多国家都出现了。比如在美国黑人运动中，就有着很鲜明的体现。

20世纪60年代后期，马丁·路德·金发表了著名演讲《我有一个梦想》，以如下文字开头：

100年前，一位伟大的美国人签署了《解放黑奴宣言》，今天我们就是在他的雕像前集会。这一庄严宣言犹如灯塔的光芒，给千百万在那摧残生命的不义之火中受煎熬的黑奴带来了希望。它之到来犹如欢乐的黎明，结束了束缚黑人的漫漫长夜。

然而100年后的今天，我们必须正视黑人还没有得到自由这一悲惨的事实。100年后的今天，在种族隔离的镣铐和种族歧视的枷锁下，黑人的生活备受压榨；100年后的今天，黑人仍生活在物质充裕的海洋中一个穷困的孤岛上；100年后的今天，黑人仍然蜷缩在美国社会的角落里，并且意识到自己是故土家园中的流亡者。今天我们在这里集会，就是要把这种骇人听闻的情况公之于众。

就某种意义而言，今天我们是为了要求兑现诺言而汇集到我们国家的首都来的。我们共和国的缔造者草拟《宪法》和《独立宣言》的气壮山河的词句时，曾向每一个美国人许下了诺言，他们承诺给予所有的人以不可剥夺的生存、自由和追求幸福的权利。

就有色公民而论，美国显然没有实践她的诺言。美国没有履行这项神圣的义务，只是给黑人开了一张空头支票，支票上盖上"资金不足"的戳子后便退了回来。但是我们不相信正义的银行已经破产，我们不相信，在这个国家巨大的机会之库里已没有足够的储备。因此今天我们要求将支票兑现——这张支票将给予我们宝贵的自由和正义的保障。

这次演讲激情四射，令人热血偾张。激发人们的情绪，本是政治动员中的一种必要手段。但金的演讲中绝不仅仅有情绪，他激发情绪的目的，是要以有冲击力的方式警醒人们直面一个事实：黑人的不利状况，与美国《独立宣言》当中对普遍人权的承诺截然相反，是《独立宣言》和美国宪制的一种自我否定。对普遍人权的理念，白人也是认可的，那么黑人和白人就有了基础共识，可以以此为基础进一步进行理性讨论。这样的过程就是美国宪制的自我完善过程，带来的是共同体意识和社会共识的自我更新。

半个多世纪后，情形大不一样了。2020年夏天，美国爆发了抗议白人警察对黑人弗洛伊德暴力执法的运动，运动的口号是"黑命攸关"（Black Lives Matter），运动迅速升级，引发了一系列令人匪夷所思的事情。比如谷歌公司决定放弃其浏览器中blacklist（黑名单）的说法，改用blocklist（屏蔽名单）；代码术语中常用的master-slave（主-从）的表述，也不能再用了，以避免对黑人的歧视性表达。再比如，风靡全球的美剧《老友记》的制片人流泪道歉，反思当初在剧中对种族多样性的反映不够，主角当中居然没有一个黑人；经典影片《乱世佳人》因为有涉嫌对南方奴隶制过分赞美的场景而被下架。全美各地都自发地兴起了"历史清算运动"，各种与奴隶制有关的人物的塑像被推倒，就连曾经蓄奴的美国国父们也无法幸免。有些对运动不满的人打出口号"所有命都攸关"（All Lives Matter），按说这是一种正常的表达，并且更为符合美国《宪法》对普遍人权的承诺，但是在很多地方都被贴上了种族主义的标签，被认为代表了白人的傲慢。

在这样一个冲突、抗议的过程中，很难听到多少理性辩论的声音，人们更多的是基于非理性的情绪和立场，做出各种出于政治正确的站队。这种过程没有什么建设性，带来的不是社会共识的更新，而是社会进一步的撕裂。这与马丁·路德·金所奋力推动的黑人民权运动形成了鲜明对比。

类似的状况其实在中国也有发生。疫情当中有人做了一些个人记录，引起极大关注，但没过多久这些记录就引发了激烈的社会争论。遗憾的是，在争论中我们看到的大多不是理性的辩论，而仅仅是情绪宣泄。立场不同的阵营之间相互谩骂、指责，少有人真正去理解对峙方的逻辑和理论，更少有人为了达成新的共识而努力。社会的基础共识肉眼可见地破裂了，社会陷入深刻的撕裂当中。

这里所谓的基于逻辑进行争论的"过去"和基于立场进行争论的"现在"，时间的分界线大致要划在哪里呢？很难有确切的说法，但是依据我们的直观感受，这个变化很可能就是最近十年发生的。十年前，我们在微博上看到的各种讨论，还不是现在这个样子的。那个时候仍然有着某种虽未明言，但人们默认要去追求的共识。

为什么会发生这样深刻的变化呢？

公共空间的重要性

我对此的猜测是，舆论场中共识的丧失，在很大程度上是因为公共空间的丧失。

先说一下公共空间。德国法兰克福学派的哲学家哈贝马斯提出，在国家和社会之间还有一个公共空间，市民可以在这个空间中自由讨论，哈贝马斯称之为"公共领域"（public sphere）。这个领域向所有人开放，人们在其中进行公开交往、公共讨论，从而形成某种接近于公共舆论的东西。公共领域早期的典型体现是，18 世纪资产阶级社会中出现的俱乐部、咖啡馆、沙龙、杂志等；到了 20 世纪，报纸、广播和电视等逐渐成为公共领域的新媒介。公共领域的存在是社会能够达成基本共识的前提。人们在公共领域中习惯于与不同的观点共存、辩论，在辩论中突破自身观点的偏狭，完成共同体意识的自我更新。

公共领域要想起到应有的作用，人们就必须在物理意义上共享时间结构和空间结构。如果连这种基本的物理前提都不具备，公共领域就无从形成，因为人们无法再进行公开的交往与讨论。

我就以电视和报纸为例来解释这个问题。十几年前，互联网上还没有今天这么多内容，人们获得信息的首要来源就是电视和报纸。我印象特别深的一件事就是，十几年前我大学毕业不久，跟两个同学聊天，其中一个说到自己新租了房，各种家当都置办好了，但是还没有电视，另一个就随口评论了一句："最重要的东西反倒还没有置办。"电视在那时是最重要的家当，没有电视就相当于切断了人们获取信息、参与公共生活的一个最重要的通道，这在当时是默认的事实，但在今天是很难想象的。当年的报纸也起到差不多的作用，我到现在仍然记得20世纪90年代末读大学时，每周固定的两天，各个男生宿舍抢那一份《体坛周报》，因为那是为数不多的能看到体育新闻和评论的途径之一。

十几年前的电视和报纸就承担着提供一种"公共空间"式的共享时空结构的功能。电视频道是相对有限的，电视节目都是在固定时间播放的；报纸的种类也是有限的，发行时间也是固定的，人们没法自主选择观看或阅读的时间。如此一来，时间结构就被普遍规定了。还有一些节目是在每年的固定时间播放的，人们每年在差不多的时候都有着共同的期待，这些节目就进一步发展为一种媒介仪式。社会学创始人之一涂尔干的研究告诉我们，仪式是人们获得共同体意识的重要途径。所以，这些固定播放的节目让人们在无意识中获得了共同体意识。

电视和报纸的内容是事先被安排好的，观众无从自主选择看什么或不看什么。于是，这些公共媒体就起到了设定话题的作用，大家都共享着这些话题。就像大家都还记得的2005年的夏天，几乎所有人碰面都会聊那一年《超级女声》的选秀。人们对话题的讨论，主要也是与身边的朋友、同事进行；即便有人想在电视或者报纸上面对公众发表一些看法，也只能在节目播出或报纸发行的那几个固定的时间偶一为之；在平日的时间场域里，人们仍然要面对身边朋友的眼光。这样传导出来的社会效应是，即便是公共发声，其立场和情绪也会被本地化的社会关系所中和。这些都使得公共讨论发生的时间和空间结构被规定了。虽然当时人们也可以在互联网社区进行讨论，但是由于还没有今天这么发达的移动互联网，要在互联网社区进行讨论就必须老老实实地坐在电脑前敲字。从操作便利性上来说，这是个心理成本相对较高的方式，所以那时的互联网社区讨论更多还是作为与身边朋友的讨论的补充。

共享的时间和空间结构还带来一个特征，就是能够在其中进行公开的交往与辩论的人，多半都是熟人或准熟人关系。他们在交往及辩论中，都是带着多重身份属性的。他们的身份可能同时是父亲、工程师、球迷、彼此的同事等等。就算彼此是陌生人，他们还是很可能通过三四个人的串联而形成关联的。多重身份属性的存在，让他们之间的社交关联相对较重，不是说摆脱就能摆脱的，所以即便有争论，也会有所节制，保持基本的面子。另外，由于彼此争论的人都是熟人或准熟人关系，用不了几天他们就可能发现，尽管两个人在 A 问题上观点尖锐对立，但是在 B 问题上观点又比较接近。

所有这些都使得人们必须习惯于与抱持不同观点的人共存；并且由于多重身份属性的存在，人们通常也会主动节制情绪的宣泄，不会不问是非只问立场地站队——"杠精"是很难获得朋友的。于是，人们之间即便有争论，也会更倾向于从逻辑出发，而不是从立场出发，讨论就更容易具有建设性，也更有可能达成基础共识。也就是说，共享的时间和空间结构，是过去社会的基础共识能够达成的前提。

社交媒体、移动互联网和推荐算法

但是，社交媒体、移动互联网和推荐算法的出现改变了这一切，共享的时间和空间结构消散不见，公共空间不复存在了。

今天人们想获得什么信息，不再受制于电视节目播出和报纸出版的时间节奏，拿着手机就可以随时随地搜索、观看、阅读。公共空间所需要的共享的时间结构没有了。

互联网上的信息铺天盖地，过去电视和报纸设定话题的能力，也迅速被海量的信息淹没掉了。所有这些信息都在争夺用户的眼球，渴望能够多占据用户的一点时间，多被点击一下形成流量，于是就出现了推荐算法，它可以基于用户的阅读习惯、购买习惯，迅速摸清用户的喜好，给每一个用户主动推荐其最感兴趣的内容。每个人的阅读时间都被自己最感兴趣的内容填充得满满的，没有精力再去涉猎其他；同时每一个人阅读的内容都不一样，公共话题就进一步弥散掉了。

这就形成了现在人们经常谈论的一个概念——"信息茧房"。推荐机制大大压缩了人们接触到不同信息的机会，人们迅速进入了单向上搜索到对自己有用的信息，搜索成本就会升高。于是知乎这种专家答问、提供高质量信息的模式就浮现出来，占据了被百度放弃的生态位，赢得自己的忠实用户。但是随着知乎的发展遭遇用户数量增长的瓶颈，它开放了更多的提问和回答的空间，内容水准便不像早期那么高了。于是未来就有可能出现新的不以追求用户数量，而以追求用户质量为目标的小众 APP，来占据被知乎逐渐放弃的生态位。

然而在这种乐观推想中，有一个问题仍然无法得到解决，那就是：那些小众 APP 不就是新形态的茧房吗？这个社会的公共空间仍然是付之阙如的。

而 2020 年发生的一系列"黑天鹅"事件，让我看到了一种新的可能性。

"黑天鹅"击穿茧房之后

这一系列"黑天鹅"事件，诸如"黑命攸关"运动、疫情、疫情记录引起的争论，都是巨大的公共事件。它们直接击穿了信息茧房的壁垒，瞬间撕破岁月静好的幻象。过去的公共空间所设定的议题没有了，世界就直接以公共事件来狠狠地刺痛所有人，让人们被迫走出茧房，重新进入同一事件场域。

任何公共事件都会激发出不同的观点，在过去，这是刺激社会进行大辩论，从而让社会共识迭代升级的好机会。然而，这 10 年来，由于公共空间的丧失，很多人已经不习惯和不同的观点共存，尤其是在这 10 年间成长起来的年青一代；在很大程度上，他们就是在信息茧房中开始其社会化过程的。结果就是人们进入了同一场域，但这一场域却只存在事件意义上的公共性，不存在观念意义上的公共性。

人们在被迫走出茧房、走出自己的舒适区时，本来就一肚子怨气，突然间看到大量和自己不同的甚至是截然相反的观点，自然会想要反驳，但由于丧失了基于逻辑辩论的习惯和愿望，便开始在网络上以宣泄情绪的方式来争吵。社交媒体时代轻社交的特征，使得人们没有节制情绪的动力，心想大不了拉黑走人，所以争吵很快就会升级。这种争吵丝毫无助于认知的提升，只会让人感受到对手的"恶意"，对方的"恶意"很快就会发展为对己方人格的怀疑。这是令人难以忍受的，出于维护自我尊严的潜意识，情绪会迅速取代理性，逻辑变得不再重要，人们会逐渐强化自己也许本来未必那么坚定的立场。结果就是，公共事件击穿了茧房，人们被迫进入一个没有公共性的"公共空间"，又在其中迅速进入"二阶茧房"，社会陷入更加撕裂的状态。自 2020 年年初以来，我们所看到的各种撕裂，原因大概就在这里。

这看上去似乎是种更加令人绝望的状况，然而，其中很可能孕育着新的可能性。

人们不习惯于和不同的观点共存，还可以拉黑不看；但是公共事件可能带来的各种伤害，却不是躲在茧房里就能当它不存在的。一句话，茧房只能在虚拟世界里给你某种"保护"，却无法在现实世界里真正给你"岁月静好"。茧房所营造的虚假舒适，是无法解释现实世界的各种问题的。公共事件所带来的具体伤害，总会让茧房里基于立场的各种解释落空，让人开始对自己的茧房产生怀疑。

2020年，"黑天鹅"事件层出不穷，人们普遍能感受到巨大的不确定性，很有可能更多的"黑天鹅"还在飞来的路上。那就意味着，还会有更多的公共事件不断涌现出来，击穿茧房。哪怕是二阶茧房，也经受不住"黑天鹅"的频繁冲击。今天你还能站在一旁看热闹，很可能明天就轮到你，你的茧房给你营造的世界也就坍塌了。频繁的"黑天鹅"会逐渐让人陷入普遍的恐慌和焦虑之中。到了那个时候，就有了重新达成共识的可能性。

国家学说的奠基人霍布斯在其理论中就谈到过：由于在自然状态中，每个人都有杀死另一个人的能力，人们会陷入一种普遍的恐惧之中，这会形成一种巨大的精神驱动力，让人们想要摆脱这种状态。此时就轮到理性登场，来找出摆脱那种状态的具体办法。办法就是通过社会契约来建立公共秩序。我们经常看到一种对霍布斯的诠释，把他当作专制的辩护士，这实际上是对霍布斯的巨大误解。他的社会契约理论的结构比人们通常理解的要复杂得多，其理论在事实上为自由主义奠定了基础。在这里细致阐释霍布斯的理论可能会偏题太远，我引用霍布斯只是想说明：普遍的恐惧也可以成为建立共识和秩序的起点。

说到这里，我们可以以清单的方式总结一下：

1. 风险社会的有效运转非常需要社会的基础共识。

2. 过去，共识是通过公共空间／公共领域逐渐建立起来的。

3. 今天，信息茧房让公共空间弥散掉了，也就消弭掉了共识。

4. 公共事件的出现，有可能击穿信息茧房的墙壁，逼迫人们重新回到现实世界。

5. 在重回现实世界之初，人们反倒可能会进入二阶茧房；但是随着公共事件越来越多，带给人们的伤害越来越直接、越来越真切，无论几阶茧房都会坍塌。

6. 共同的伤害可能是重建共识的起点。只不过，从这个起点出发，具体该如何往前走，还需要进一步的思考。

7. 共识的基础必须是某种公共性。过去我们习惯于公共领域式的公共性，像现在这种公共事件带来的共同伤害式的公共性可能让人非常不适。然而，公共性在人类历史上也经历过多次转型。大型技术演化或危机可能让过去的公共性就此消失，但人类总会找到或者遭遇新的公共性。

8. 过去的公共领域式的公共性有可能就此远去，人类必须适应公共性的新结构。人类要想突破当下的困境，必须有新的想象力。

9. 获得新的想象力的前提是，人们必须去除观念的遮蔽，直面事实本身。

信息茧房不可避免地伴随着观念对现实的遮蔽，梳理清楚这种遮蔽的逻辑，是非常有必要的。这能帮助我们理解今天的很多看似激烈实则没有意义的争论。下一章我们就来说说这个话题。

第二章
观念对现实的遮蔽

电影《教父3》中有一句经典台词:"不要憎恨你的敌人,那会影响你的判断力。"这句话颇值得玩味。"憎恨"是一种情感,是一种强大的行为驱动力;"判断力"则是理性,它可以帮助人辨别事实。如果被情感遮蔽了理性,就无法看到事实,无法做出任何有价值的判断。

信息茧房在当下就会带来这样的问题,它会导致人们经常用情绪替代理性,用观念遮蔽现实,当下社会中的各种撕裂,都与此有着很深的关系。

就本书讨论的主题而言,观念对现实的遮蔽有如下三种形态值得提出来。第一种形态是,在民族主义的笼罩下,政治领域对其他领域的遮蔽;第二种形态是,用(无论来自哪个方向的)意识形态问题遮蔽了专业性问题;第三种形态关乎如何看待中国,它从前两种形态衍生而来，有着 A、B 两种分支形态。A 形态是由于极端民族主义的遮蔽，人们拒绝承认中国与世界的一致性；B 形态是由于对抽象理论的认同——我们姑且名之为"抽象世界主义"，人们拒绝承认中国的特殊性。

这三种形态以不同的方式遮蔽着我们对现实的观察与判断，它们彼此之间又有着各种关联，值得分别展开讲一讲。

"封装式思维"带来的问题

近年来，西方国家的"辱华"行为似乎越来越多，人们要不停地进行各种抵制表示抗议。为了反法，就要去抵制家乐福，找不到家乐福的时候，抵制一下沃尔玛也行，谁让你们都是国际连锁大超市；为了反瑞典，要抵制沃尔沃，找不到沃尔沃的时候，抵制一下沃尔玛也行，谁让你们都"姓"沃尔；为了反日，要抵制日货，咦？沃尔玛里有卖日货的专柜，那就顺便也抵制一下沃尔玛也好了，谁让你不反日；终于轮到要反美了，可以名正言顺地抵制沃尔玛了，没想到的是，沃尔玛里涉嫌"辱华"的错误标语，是个不懂行的中国雇员写的……

这几年很多抗议"辱华"行为、抵制洋货的新闻，经常看得我哭笑不得。诸如"虽远必诛"之类的口号喊得震天响，但是真正被

"诛"所影响到的，往往都是身边的国人。比如，有西安市民因为开了日系车，在反日游行中被人砸穿头骨；有些外资企业因为被抵制而被迫撤资，于是中国雇员失业。

在极端民族主义的狂热中，人们看不到真实世界中的各国在经济、文化等各种领域相互渗透的关系。沃尔沃是一家在瑞典起家的公司，但早就被中国企业吉利集团收购了；在中国土地上跑的日系车，绝大部分都是中国工厂生产的；经常莫名其妙被捎带上的沃尔玛，采购的货品中有相当大的比例来自中国，是大量中国企业的重要客户。

但是在极端民族主义者眼中，一切都必须从政治的角度进行评判，应当以政治空间为单位来观察和思考经济、社会乃至文化等各种问题。这种思维方式会让我们本能地把各种问题都封装在一起进行思考，政治空间则是用来封装这些问题的外壳。我把这种思维方式称为"封装式思维"。

然而要知道，民族主义的"封装式思维"是在法国大革命之后才出现的，至今才200多年。在此前的历史上，政治只是贵族间的事情，跟老百姓没关系；商人们可以横跨各国做贸易，战时甚至会与敌对国家做生意，本国统治者也不会觉得这是什么大问题；教会也可以跨越各种政治边界去发挥影响力；即便是参与政治活动的贵族，也不会把自己与特定的国家捆绑在一起，直到19世纪后期还是这样。比如，带领德国实现统一的大政治家俾斯麦，年轻时曾经担任普鲁士驻俄国大使。在接到让他回国担任首相的国王诏令之后，他去向俄国沙皇辞行，并礼貌性地表达了对俄国的不舍，沙皇居然邀请他在俄国政府任职。尽管俾斯麦并未接受这一邀请，但他并不觉得沙皇发出这种邀请是对自己的爱国心、忠诚心的侮辱，而是觉得这很正常；在今天，我们无法想象哪个国家大使在卸任之际，驻在国会邀请他留在本国政府任职，这对双方来说都是一种侮辱，因为人们的观念发生了巨大的变化。

在法国大革命以前，社会是分等级的。同一个国家内部，不同等级的人彼此间没什么认同感，反倒是不同国家的同等级的人，尤其是贵族之间会有认同感。不同等级的人干不同的事情，而不同的事情本来就发生在不同的空间。各种空间彼此交错穿透，这是一种日常，自古便如此，没有人觉得这有什么不对的。

但是法国大革命要颠覆过去的秩序，从君主主权变成人民主权，而"人民主权"的首要任务就是要确认谁是"人民"。今天有一个快被说滥了的概念——"想象的共同体"。"人民"就是一个想象的共同体。人们需要一个故事把原本有着森严的等级差别、彼此没有认同感的一群人，打造成一个彼此认同的共同体。这个共同体就叫"民族"*。"民族"在这里和"人民"大致是同义词。"民族"这个故事还

---

* 英文单词 nation 和 ethnic 在汉语里通常都被译成"民族"，这造成了人们对不少问题认识上的含混。实际上，这两个词的意涵有着巨大差异。ethnic 指的是基于历史、传统等各种原因而形成的一些差异化的小群体，这种差异并没有政治意涵，它只要求人们对这种差异有所承认和尊重，但并不要求建立自己的国家。而 nation 则有着深刻的政治意涵，只要是个 nation，原则上就应当建立自己的国家。中国通常所说的"56个民族"是 ethnic 意义上的；"中华民族"差不多是 nation 意义上的。本书中所谈到的"民族"，都是 nation 意义上的。

要发挥另外一个功能,就是要把过去不同国家同等级的人彼此之间的认同彻底割断。由这个故事发展出来的一整套思考方式就是民族主义。

说到这里,我们就能看出来了,民族主义封装式思维,对内要从观念上把国内各种复杂的社会结构给化约掉,形成相对均质化的社会;对外要从观念上强化本国和外国之间的差异,使得彼此之间不可通约。在这种思维模式下,我们对世界的理解和态度可能是扭曲的。不过,只要扭曲不超过某个度,封装式思维带来的简化还是有历史效用的:它能够大大地简化复杂的世界,以很低的成本塑造共识,并转化出政治动员的效果。因此,近代以来民族主义一直是个历史潮流,但它毫无疑问会遮蔽真实秩序,数千年来人类历史所演化出来的各种能够彼此穿透的空间结构被化约掉了,而不存在差异的空间又被硬性打造出差异。

可是一旦超过了某个度,封装式思维就会带来很大的问题,容易发展为极端民族主义。这里是否过度的衡量标准就在于,政治空间和经济空间是否有大致的重合性。重合性越高,封装式思维的负面影响就越小。而今天,在这个全球化深度开展的世界,这种重合性毫无疑问已经不存在了。一个日资汽车厂,主要的生产车间都在中国,在这种情况下,如果仍然以政治空间为单位来片面地看待问题,那么当国人抵制日货的时候,被抵制的就不知道是日本企业还是中国企业了。

然而,人的观念的转变经常是滞后于实践的,往往是实践已经往前走了很远，观念却还停留在上一个阶段。基于上一个阶段的观念形成的目标设定、政策规划等，便都会是偏离和扭曲的。这些偏离和扭曲的目标与政策很难在实质上逆转实践演化的方向，但无疑会增大摩擦系数，带来各种问题。

封装式思维的政治外壳通常是民族主义，另一种思维尝试以激进的方式突破这个外壳，便走向了抽象世界主义。抽象世界主义拒绝承认人性当中小群体认同的本能，试图把秩序建立在理想的而非现实的人性之上。极端民族主义和抽象世界主义看似彼此对立，但有一个共性，就是它们都基于抽象的理念而有意无意地遮蔽了现实。在这个意义上，我们甚至可以说，抽象世界主义是一种"开放式的封装"，是极端民族主义的镜像物。而在这两种抽象理念之间，还存在一个广阔的实践世界。这个实践世界虽然是真实的，但很容易被那些抽象的理念遮蔽掉。

现代国家的国民教育就是随着民族主义的普遍展开而逐渐形成的，"想象的共同体"这一概念的发明者本尼迪克特·安德森，在他那本名著里就仔细讨论过这一过程。[3] 因此，教育过程会不断推动这种或那种"封装"对观念的塑造，以至于人们头脑里的理念与实践之间存在隔阂却不自知。而信息茧房更是极大地强化了这两种"封装"。

民族主义的观念遮蔽，在今天还有一个很糟糕的效应，那就是它会不断强化另外两种形态的观念遮蔽。

"鸡同鸭讲"的主义之争

政治有一个重要的功能，那就是提供正当性。行政系统依照规则干活的时候，都要师出有名。下级干活的时候，所奉的"名"就来自自己的上级，上级所奉的"名"则来自再上一级，层层向上追溯，到顶点就是最高权力所在。那里也就是正当性所在，它提供了下面所有人干活时所奉之"名"。

从原则上来说，这个最高权力具体在谁手里呢？过去，它在君主的手里，也就是"君主主权"；在现代，则在"人民"的手里，也就是"人民主权"。而"人民"，则是由"想象的共同体"的故事所打造出来的。

也许你还要继续追问："人民"统治的目标是什么呢？"人民"要追求些什么呢？"人民"不再有上级，所以它的目标不再是完成上级的命令了，它所追求的只能是某种理想。这个理想又需要通过另一个故事表达出来，故事的内容可能是追求个体的自由、追求人类的普遍解放，或者追求对传统的保存，等等。具体是什么无所谓，反正得有个具体的故事内容。这个故事就是我们很熟悉的一个东西：意识形态。自由主义、保守主义、社会主义等"主义"都是意识形态——或者说那个故事——的一种形态而已。

说到这里大家就明白了，"人民"的另一个名字就是"民族"，民族主义的故事打造了想象的共同体，但是这个共同体究竟要追求什么价值方向，还是未定的。从原则上来说，这个共同体可以追求自己认同的任何价值方向，只不过还需要一个意识形态的故事来把这个方向说明白。

简单总结一下就是，意识形态的"主义"提供价值方向，但并不直接带来认同；民族主义提供认同，但无法直接说清价值方向。所以，我们通常所说的民族主义，和自由主义、保守主义、社会主义等意识形态的"主义"，是两个不同领域的事情。这也是为什么我在讨论了民族主义对事实的遮蔽之后，还要再讨论一下意识形态对事实的遮蔽。

在这次疫情当中，国内网络上的争论极为激烈，但是很多争论都只是情绪宣泄，没有任何知识增量。在这么多无意义的争论中，有一些是前面所说的"信息茧房"导致人们丧失了理性辩论的能力和意愿造成的，还有一些则是两个不同领域的无谓之争。

在网上我们经常可以看到，争论中一方的各种表达基本上是基于民族主义的，而另一方的表达则基本上是基于自由主义的。虽然它们都是某种"主义"，但并不是一个领域的事情。我们可以打个比方，如果保守主义和自由主义之间是黑白之争，民族主义和普遍主义之间是上下之争，那么，自由主义和民族主义之间的争论，差不多就是一方在高呼"白色好"，另一方在高呼"上边好"。自由主义者没有意识到，民族主义者并没有表述特定的价值取向，但是在争论中，一方可能会让另一方被迫采取一种对立的价值取向；民族主义者也没有意识到，自由主义者并不一定拒斥对民族的认同，但是在争论中，对方可能会被迫进入对认同的拒斥。双方在不同的频道上各说各话，"鸡同鸭讲"，不仅无法对话，还越说越觉得对方完全不可理喻，最后理性只能让位，让情绪站到前台，观点之争沦为立场之争，立场之争又沦为情绪之争。

在某种意义上，让情况雪上加霜的是，从"主义"出发的辩论，本身就是一种情感性（情绪性）的而非理性的辩论。因为无论是什么"主义"，即便不在同一个领域，也都想给人一个值得追求的目标。目标想要吸引人，需要做的根本不是说服人的理性，而是打动人的情感；因为只有情感才能让人奋不顾身，理性则会让人认真地计算——计算多了，很可能就不愿意奋不顾身了。所以，"主义"当中看似逻辑严密的叙事，并不是用来说服你的理性的，而是在你基于情感偏向而选择了某种价值取向或认同取向之后，让你产生错觉，以为自己是基于理性选择的，从而帮你卸下心理包袱，愿意更加奋不顾身地投入。当大家基于各种"主义"辩论时，因为"鸡同鸭讲"导致辩论错位，双方便都会觉得，对方在冒犯自己最为珍视的、基于理性而选择的信念。这是对自己人格的一种根本冒犯，于是情绪之火被越拱越高，最终双方就很可能进入一种深刻的撕裂状态。这正是疫情当中我们看到的一系列现象背后的深层原因。

一旦发展到了这一步，辩论的双方就都会忘了，疫情问题首先是个专业问题，而不是个观念问题；于是就出现了意识形态对事实的遮蔽。然而，不管是什么意识形态、什么体制，在现代风险社会当中，首先都得处理一些与任何价值立场都没有关系的纯技术性问题。而这些与理性相关的专业技术性问题，又恰好容易被情绪性的争论所遮蔽。

中国与世界的一致性

基于前面的讨论，我们可以再来分析一下，在理解中国问题时，观念对现实形成的两种形态的遮蔽。

先来说说极端民族主义的遮蔽，它拒绝承认中国与世界的一致性。

前面说过，民族主义的一个重要叙事技巧就是，从观念上把本国和外国打造成有质的差别的两种存在，彼此之间不可通约。因此，极端民族主义势必极力强调本国的特殊性，才能强化动员效力。这种强调就会导致对现实的遮蔽，看不到本国和世界的一致性。

实际上，即便仅仅从观念上来说，极端民族主义对"一致性"的排斥，也是说不通的。特殊性必须有一个可供对比的参照系才成其为特殊，否则根本就谈不上特殊；因此本国越是特殊，就越依赖于外部世界，以之为参照系，于是站在更高一阶看，本国和世界就构成一个相互依存的共同体，这就是它们的"一致性"所在。就像没有强盗，就根本不需要有警察，反过来，没有警察，强盗也不会被定义为强盗，他们是相互依存的。

这种观念上的讨论，可能会被人质疑为文字游戏，那我们就进一步从事实上来说。我们前面讨论国内各种抵制洋货的时候，已经谈到真正被抵制的往往是国人自己，因为中国和世界在经济层面上已经高度地相互渗透，根本就没有什么不可通约的差异。从反向的案例中，也就是在其他国家对中国的抵制中，我们也能看到类似的情况。比如，2020年6月的一条新闻：由于中印两国之间发生了一些冲突，印度民间发起了大规模的抵制中国货的运动，号召国民使用印度本国生产的产品；印度人还为此设计了一些文化衫、棒球帽之类的，上面写着"Boycott China"（抵制中国），但是翻开产地标签一看，这些产品都是"Made in China"（中国制造）。这件事以颇具反讽意味的方式表明了中国与世界的一致性。

如果你问一个极端民族主义者，对生产这些产品的中国生产商该如何定性？印度抵制中国货的时候，中国货该以这种方式进入印度市场，还是主动离开？以这种方式进入的话，算卖国吗？主动离开的话，国内有些人因此失业怎么办？如果他觉得因此失业的人反正跟他自己没关系，那么他就能豁出去，主张宁可失业也不能没了骨气，不能去挣那个钱；那么，印度客户的需求最终会催生出印度本国的供应商，以后别的中国货也别想再进入印度了。此时他又该怎么选择？如此层层追问下去，他很可能也"蒙圈"了。

算了，咱们别难为他了。只要说清楚，不要被极端民族主义的观念遮蔽了中国与世界的一致性这个事实，也就够了。

中国逻辑与世界运行逻辑

再来说说"抽象世界主义"。它因为对抽象理论的认同，而拒绝承认中国的特殊性。

网络上流传着出自韩寒的一种说法："世界上的逻辑分两种，一种是逻辑，一种是中国逻辑。"这是一个令人拍案叫绝的辛辣讽刺，但是从另一个角度来说，还真的存在着两种逻辑。

世界在中国加入世界秩序之前的运行逻辑，我们姑且称之为"逻辑A"。中国加入世界秩序之后，由于其超级体量，一定会重新定义世界秩序。无论你喜不喜欢，这都是一定会出现的事情，既然一定会出现，就必须面对。由于中国的体量规模，有些问题也超出了通常情况下理论的适用范围，进而经常导致与世界颇为不同的"中国逻辑"的出现。但事情不应止步于此，既然"中国逻辑"和"逻辑A"已经迎头相撞了，那它们都无法停留在原来的状态，最终必须共同演化出新的普遍逻辑，我们姑且称之为"逻辑B"。到了"逻辑B"这一步，"逻辑A"和"中国逻辑"都会自我消亡或者说自我超越的。

因此我们可以更清楚地看到，"极端民族主义"和"抽象世界主义"是互为镜像物的。"极端民族主义"拒绝承认"中国逻辑"必须被超越；而对"中国逻辑"的超越，是中国发展的一种必需，因为中国不可能永远跟世界不一样，还想让世界接受自己。"抽象世界主义"则拒绝承认"逻辑 A"必须被超越；而对"逻辑 A"的超越，是世界演化的一种必然，因为世界不可能把一个如此庞大的国家永远排斥在外，也不可能在一个如此庞大的国家加入后，不发生任何变化。我们不应被这两种观念遮蔽住现实——现实就是，中国和世界必须共同向前迭代演化，发展出"逻辑 B"。

中国的体量导致它与其他国家不一样，从而在有些问题上会有"中国逻辑"。可能有人会对此提出质疑，我们简单地看一件事情就能明白。前些年经常有人说中国在国际市场上"买啥啥贵、卖啥啥便宜"，初看上去似乎是因为中国的商业技巧太差，实际上这就是个正常的经济现象。中国的规模太大了，它要买啥，就会在世界市场上形成巨大的需求，当然就会引起价格上涨；它要卖啥，也会在世界市场上形成巨大的供给，当然就会引起价格下跌。捷克肯定不会"买啥啥贵、卖啥啥便宜"，这不是因为它的商业技巧高明，而仅仅是因为它的国家规模太小。

所以，从国际视角来看，中国的规模决定了它是世界秩序的自变量。无论你喜不喜欢，这都是个必须面对的事实，这背后确实有着某些"中国逻辑"。所谓自变量，就是说它不是单方面被外部秩序所规定的，而是它的活动直接参与了秩序的生成过程，并构成因变量的约束条件。至于中国作为自变量，究竟会起到什么样的作用，那是另一个问题。

这种说法听上去似乎很霸权主义，所以在这里我们还得就国际政治的基本逻辑再多说几句。在平时各种对国际政治的讨论中，我们经常看到两种彼此矛盾的说法，一种说法是，国与国之间就是弱肉强食的，因为这是一个看力量的世界；另一种说法是，国家之间不分大小一律平等，这是一个讲法律的世界。国家之间不可能既是弱肉强食的，又是彼此平等的，这两种说法到底哪一种对呢？

可以说，两种说法都对，因为它们都反映了国际政治当中的部分真实；但也都不对，因为它们对国际政治的反映又都是极为片面的。关键的问题在于，这两种说法都犯了同一个错误，就是把大国和小国当成同样的对象看待了。这里所谓的"大国"，指的是"超大规模国家"，也就是前面所说的"自变量"；小国则是"因变量"。实际上，世界秩序是若干个超大规模国家在彼此博弈的过程中，逐渐达成的一种均衡状态。正是这种均衡，为国际法秩序的效力奠定了基础。

超级大国的博弈

先来看一下什么样的国家算超大规模国家，有一个很简单的判断标准。世界秩序中有人们普遍认可的行为规则，各个国家在一般情况下也都会遵守这些规则，但是在特殊情况下，有些国家可能会违规行动。那么，在这种特殊情况下，是否有人能够真正地约束住你？如果有人能约束住你，那你就不是超大规模国家；如果没人能约束住你，那你就是超大规模国家，是有能力参与底层秩序博弈的超级玩家。

历史上的每个时代都有着有限的几个超大规模国家，就当今世界而言，你会发现，美国、中国、俄国，没有人能够真正约束住这几个国家。当然，它们不是在所有领域里，而只是在特定的领域中有这种能力。

超大规模国家可以参与世界的底层秩序的博弈。所谓底层秩序，是和表层秩序相对应的。世界秩序中有一些人们普遍认可的行为规则，这些规则有很多都是成文的，表现为各种国际条约、国际法等等。这些就是表层秩序，它们规范着各个国家的一般行为。

但问题来了，是什么让表层秩序有约束力呢？是各个国家都很有道德，愿意遵守这些行为规则吗？并不是。遵守规则这种事情，从根本上说，并不能依靠人们对规则的认可，而只能指望人们发现违规会受到严厉惩罚，以至于损失远远大于收益，于是就愿意遵守规则了。

所以，让表层秩序获得约束力的，并不是人们愿意守规则，而是有人有能力执行规则。在国际秩序中，有能力执行规则的，就是超大规模国家，因为它们的力量与其他国家相比有压倒性的优势。问题是，这些国家的力量太大了，要是它们自己违规的话，又由谁来执行规则呢？答案是，没人能做到。

所以，和一般的国家不一样，超级大国会在两个层面上进行博弈。

一个层面是，它们彼此之间会激烈竞争，这些竞争经常是不受那些表层规则约束的。这就是底层秩序的博弈。在这个层面上最重要的当然是力量要素，但也谈不上弱肉强食，因为参与者都是强国。在这种博弈或竞争中，参与者的目标就是要占位；要在表层规则的执行人这件事情上，占据一个对自己最有利的位置。因为执行人的身份在国际政治中能带来大量好处。当年的美苏争霸以及今天中美在很多贸易问题上的争执，都是这种底层秩序的竞争。

还有一个层面是，超级大国在一般情况下也会接受表层秩序的规则约束，因为这样在其他国家面前才有权威，更容易让它们支持自己来做规则执行人，从而在底层秩序的博弈上更有优势。所以，在这个层面上，大国和小国一般都是按照国际法来行事的，也无所谓弱肉强食。

但是，一旦涉及根本性问题，超大规模国家就不会顾忌那些表层规则的约束，并且它们要是搞起事情来，也没有谁能够真正约束住它们。这个部分可以说有弱肉强食的成分，但不能把这种特例当成国际政治的常规来看待。

比如，美国 2003 年打伊拉克，这在国际法的程序上是有问题的，但它就是打了，别的国家也只能默许。打伊拉克对美国来说关乎根本性问题，它会不管不顾，但是这并不妨碍它在一般事情上仍然愿意守规矩。再比如，2014年乌克兰发生大动荡之后，俄罗斯直接吞并了原属乌克兰的克里米亚地区，因为这对俄罗斯来说关乎根本性问题。西方世界一片哗然，纷纷制裁俄罗斯，但最后这些制裁都无疾而终。但是在不关乎根本性问题的事情上，美国、俄国都还是愿意遵守表层秩序的，因为这能让自己在国际上更好看，也就更容易拉到盟友，从而更利于在底层秩序的博弈上借力打力。

用一句话来总结，那就是，在国际秩序当中，表层秩序是成文规则，底层秩序是力量博弈。超级大国的力量博弈，会使得表层的成文规则获得生命力；超级大国对表层规则的遵守，经常会更有利于它在底层的力量博弈。

因此，国际秩序分为两个层次：超级大国层次和一般国家层次，或者说自变量层次和因变量层次。这两个层次所依从的是不一样的行为逻辑，不能混在一块来理解。如果你试图用瑞典的行为规则来规范美国，那是天真；试图用俄国的行为规则来理解日本，那同样也是天真。

同样，作为一个超大规模国家，中国的体量也决定了我们无法仅仅从表层秩序的逻辑上来理解它。如果我们拒绝看到中国的自变量属性，则毫无疑问忽略了一个至关重要的事实。

如何看待中国的特殊性

从国内的视角来看，也有颇多的只有在中国才能成立的"中国逻辑"。比如前几年在互联网界有个很有名的说法——"羊毛出在狗身上，猪来付费"。也就是说，互联网公司提供各种免费服务，吸引足够多的用户，再以流量吸引广告商掏钱，或者有需要的第三方购买数据。这样一种"羊—狗—猪"的商业逻辑，只有在市场规模足够大——用户规模足够大——的情况下才能成立，如果用户池子很小的话，用户数据根本就不值钱，也就找不到"猪"来付费了。而要说"规模"，这正是中国最无与伦比的优势，于是，互联网界就会浮现出只有在中国才行得通的"中国逻辑"。

一个很有趣的例子就是，开创电商时代先河的eBay，在美国市场上攻城略地之后，又来到中国市场。eBay的商业模式是，商家开店要交费，这就像租户要向大商场交铺面租金一样。人们觉得天经地义，eBay只不过是把铺面搬到了网上而已。阿里巴巴在成立早期也模仿了eBay的模式，但是eBay到来之后，阿里巴巴完全不是对手，被狠狠压制住。阿里巴巴一咬牙，决定让商家来免费开店。在eBay看来，阿里巴巴简直就是自杀，但几个月后他们就发现，阿里巴巴已经借助这个办法一举扭转了局面，用户数量发生了质的飞跃，等到eBay再想阻击，已经来不及了，最后只好黯然退出中国市场。eBay蹚出来的电商逻辑，迅速被基于规模效应才能成立的独特"中国逻辑"所颠覆。

到了今天，全球十大互联网公司已经连续若干年由6家美国公司和4家中国公司占据，没有其他发达国家的事了。这不是因为中国的技术比那些国家更先进——最起码中国的互联网巨头起家的时候肯定没这个本事，主要是因为基于市场规模的"中国逻辑"。实际上除了在互联网界，中国在大量的传统行业中也都因为规模效应而形成了特殊的"中国逻辑"，与其他国家的同类行业形成在不同维度上的竞争。

而这些"中国逻辑"还催生了中国企业向外扩张时的独特玩法。中国企业可以把国内的玩法以某种方式复制到国外，用国内的盈利能力给海外公司输血，为抢占更大的市场份额做长远打算——它们也有能力做这样的长远打算。但是它们所在国的本土企业，却会因此陷入难以应对的竞争之中，不大容易活下去。我在海外调研的时候，了解到有不少传统行业的中国企业就是这么做的。这样一来，"中国逻辑"就开始形成一种外溢效应，影响到其他国家的本土企业，这些影响会进一步传导到其社会秩序、其珍视的生活方式上。中国企业多半不会关注到那么多的影响，毕竟它们只是在进行一种纯粹的商业活动，各种行为也都是符合市场逻辑的。但它们对所在国的那些影响都是实实在在的，并会进一步传导出政治效应。

当然，说到这里，大家也看出来了，我所说的"中国逻辑"和韩寒所说的"中国逻辑"，并不是一回事。但毫无疑问的是，中国确实因其规模效应而有着一系列的特殊性，是我们必须直面的。"抽象世界主义"否认这些特殊性，实际上就是在拒绝现实。

然而，中国的这一系列特殊性，并不意味着中国就要因此和世界拧着来，自我孤立于世界之外。中国市场再大，也没有世界市场大，倘若自我孤立，最终还是会走不通。中国的特殊性只意味着，中国应当在世界上发挥任何其他国家都起不到的作用。中国推动世界秩序演化到一种更加正义、均衡的状态，形成"逻辑B"，中国也会因此获得自我成就，超越此前的"中国逻辑"。

还要强调一下，中国只有在成就世界的时候，才能成就自身。换句话说，中国的国家利益只有通过维护世界秩序才能实现。原因还是在于，中国是超大规模国家，其在世界上的利益也是超大规模的。如果世界秩序动荡混乱得一塌糊涂，超大规模国家在利益上受到的损失也是最大的。就好比一个村子里，大户是最有动力维护秩序的，因为如果村子出了事情，大户受到的损失也是最大的。

所以，作为超大规模国家，中国的国家利益必须在一种世界主义的格局中才能得到落实。但这种世界主义，不是基于抽象理念的，而是基于对现实的实实在在的把握的，是基于摆脱了观念遮蔽之后，对世界的真实理解的。它不是"抽象世界主义"，而是"真·世界主义"。

没有阴谋，只有"阳谋"

前面所说的一系列观念对现实的遮蔽，在相当程度上是因为现在的国际政治问题导致意识形态问题激化，从而不断强化各种观念的遮蔽。因此，要消解这些观念遮蔽，一个非常基础的工作就是把国际秩序的基本逻辑梳理清楚。

重重的观念遮蔽，导致人们无法理解现实。人们在观念茧房中觉得岁月多么静好，但是现实经常打脸。观念与现实的不断冲突，经常会导向更加糟糕的遮蔽，就是把现实当中的一切不如意都归因为他人的"阴谋"。在讨论国际问题时，"阴谋论"尤其盛行。阴谋论通常会假设世界上有一小撮坏人在下一盘很大的棋，其他人都只是那一小撮人的棋子而已。阴谋论的信奉者，实际上是一群思维的懒惰者：有了阴谋论，各种问题就有了简单的归责对象，自己的问题也就无须反思了。在阴谋论当中，被归责者也根本无法自证清白，因为各种证据都可以被解释为那盘大棋中的疑兵之计。阴谋论因此是一种自我证实、自我强化的思维方式，陷入这种思维方式就很难出得来了。

然而在真实的国际政治中，根本就没有阴谋论这回事。因为所有"棋子"都有自己的想法、诉求和安排，都有主观能动性，是不可能按照"棋手"的想法去走的；玩阴谋的"棋手"的所有精心规划，都必须以"棋子"顺从的配合为前提，可哪儿有那么好的事呢？所以，即便历史上曾经真的有过这种玩阴谋的"棋手",肯定也早就被历史淘汰了。

国际政治当中真正的高手,根本不靠阴谋,靠的是"阳谋"。所谓阳谋,就是对国际秩序的格局及其演化逻辑有着深刻的理解和较为清晰的把握,从而能够恰当地理解当下的棋局,能够根据形势的变化不断调整和迭代自己的策略,顺势而为,借力打力,从而即便是下明棋,自己每下一步,对手也都不得不跟。达到这种境界的前提是对国际秩序的真正理解。

最近几年来,人们越来越深地感受到国际问题与国内问题的深刻缠绕关系。在国际问题上的阴谋论思维,反过来会导致很多人在争论国内问题时,也陷入阴谋论中,觉得有内鬼在配合国际上的阴谋,导致国内出现问题,而争论对手很可能就是那个内鬼。结果就是,各种观念遮蔽继续不断撕裂社会共识,让这个社会戾气横生。

对一个国家来说,国际政治是国内政治的外部约束条件,两者本就是同一问题的一体两面,无法被割裂开来看待。今天的中国与世界在经济、政治、社会、文化等各种层面上都已经是高度共生关系,而近几年中国与西方在价值观层面上开始发生冲突,这一切就使得国际问题越来越成为中国要面对的首要问题,以至于国内问题在相当程度上被国际问题所规定。举个很简单的例子来看,华为正在遭受美国的各种打压,如果华为最终被迫全方位转向国内市场,那国内其他的通信行业企业可能会陡然面对巨大的竞争压力。这会引发国内经济层面的一系列变化，并可能传导到社会层面上去，国际问题由此会转化为深刻的国内问题。在这样的历史时期，理解国际政治的真实逻辑，就成了我们理解国内问题的前提。

从下一部分起，本书就要来认真地讨论一下，国际秩序的真实逻辑究竟是什么，以及中国在其中的结构性位置是什么。对这些逻辑的梳理，是我们有依据地构想未来的前提。

第二部分

现实：

国际与国内的一体两面

第三章

隔离与信任

在国际秩序中,一个正在发生但经常会为我们所忽视的事实是,过去 30 年来国际经济上发生了一个极为深刻的变化,那就是,经济空间和政治空间日益分离了。

政治空间与经济空间的日益分离

一些简单的数据可以反映出这一事实。在 20 世纪 90 年代,国际贸易中有 70% 是制成品贸易。这就意味着,大部分产品都在单个国家内完成生产,各国之间是在不同的产品层面实现国际分工的。而依据 2018 年的数据,国际贸易中 70% 以上都是零部件、半成品等中间品贸易。这就意味着,绝大部分产品都是跨多个国家完成生产的，各国之间是在生产流程层面实现国际分工的。

打个比方，这就相当于，30年前是你做汽车，我做电脑，他做缝纫机，咱们相互贸易；今天是你完成汽车的一部分生产流程，我完成汽车的另一部分流程，他再完成汽车的一部分流程，协作着生产出汽车。同样，你完成电脑的一部分生产流程，我完成电脑的另一部分流程，他再完成电脑的一部分流程，协作着生产出电脑……随着技术和生产逻辑的演化，可以预期，未来中间品贸易的比例很可能还会继续上升。

一件复杂产品的生产有一整套流程：从它所需的最基础零部件的生产，到完成终端产品的组装。如果我们把所有这些流程所发生的物理空间称为"经济空间"，会发现由商人们撑起来的经济空间与由国家主导的政治空间之间的重叠部分在这30年中大幅减少了，经济空间在深刻地穿透到政治空间中。这还仅仅是就制造业而言，如果再看看互联网所引导的信息产业，它早就是穿透国界的存在了。

这种变化主要是在20世纪90年代末到21世纪初的十几年中，基于美国创新经济的转型与中国经济的迅猛成长而演化出来的。具体的演化过程与机理留待下一章再来展开，这一章我们要先来看看这些变化所带来的影响。

贸易战的因与果

这种变化让既有的全球经济治理秩序失效了。目前的全球经济治理秩序是由世界贸易组织（WTO）、国际货币基金组织（IMF）、世界银行等若干重要的全球经济组织支撑的，这些组织都是由主权国家主导的。在经济空间和政治空间还大致重合的时候——直到20世纪90年代中期差不多仍是这样，治理主体和治理对象大致还是匹配的；但是随着经济空间与政治空间日益分离，治理主体和治理对象之间就开始出现各种摩擦。

这些摩擦可能会导致全球化在政治层面上出现某些逆转，表现之一就是贸易战。贸易战是由国家发动的。但由于经济的实际运转已经进入另一种与国家空间大不相同的空间逻辑，所以经济全球化并不会因贸易战而发生实质性的逆转。但是毫无疑问，贸易战会给经济全球化增加很多额外的成本。

这些变化发生在最近这十几年中，一线企业界的人对此已经颇有感受，但是在公共舆论中用以解读这些问题的常见理论范式，可能还是30年前乃至更早的时候留下的。所有这些理论范式都有一个关键的隐含前提，就是它们都以国家为思考经济问题的基本单位，这就是上一章提到过的"封装式思维"。

比如，美国总统特朗普发动贸易战，试图通过提高中国出口到美国的产品的关税，将制造业从中国挤出去。中国产品向美国的出口确实因此受到了很大影响，不少生产商被迫从中国迁出，但其迁出逻辑和人们最初对此的预判并不一致。

我们前面说到，30年前绝大部分产品是在单个国家内部完成生产，这首先是因为那时候产品的绝大部分生产流程是在单个工厂内部完成的，只不过分配在不同的车间里。所以30年前如果说某种产品迁出，那就是整个工厂搬走了，很可能意味着该产品全生产流程的迁出。

但在今天，各国之间在生产流程层面进行分工，这首先是因为过去一个工厂里的不同车间，现在已经独立成不同的工厂了。工厂互为配套关系，组成一个庞大的供应链网络；网络内部工厂间的配套关系会不断进行动态重组。单个工厂里有多个车间的话，车间只能分布在一个很有限的地理空间中，难以跨越国界；但是在车间都独立成新的工厂之后，新工厂的地理分布就不一定受国界的局限了。所以，很可能贸易战中实际迁出的仅仅是负责最终组装环节的那个工厂，因为只有这个环节才生产出口到美国的终端产品，其他的生产环节并不向美国出口，不受到关税的直接影响。

打个比方，在贸易战之前，组装环节的工厂可能在东莞，而上游的零部件供应商在武汉，武汉的工厂把产品卖到东莞就行了；在贸易战之后，东莞的工厂迁到了越南，武汉的工厂就转而把产品卖到越南。由于武汉工厂不与美国市场发生直接联系，所以无须迁出。2019年，我到越南对中国制造业的转移逻辑做了比较深入的调研，发现了大量类似的案例。在这种情况下，贸易战对中国经济确实会有影响，但影响的逻辑和各方基于"封装式思维"所形成的预判并不一样，与其说是中国制造业向外转移，莫如说是中国制造业向外"溢出"。[4]

不过，要进一步强调的是，"溢出"仅仅是从制造业环节来看问题，因为中国在世界经济上的影响力主要来自制造业。所以"溢出"首先回答的还是中国的制造业中心位置是否保得住的问题。如果把问题延伸到产业中更多的环节，就会看到更复杂的情况。

那些看不见但更加深远的影响

举一个我身边朋友的例子。2020年3月初，一位做实业的朋友跟我说，因为疫情，他原本要去德国参加的一个行业展会被取消了。那段时间，由于疫情的蔓延，多个行业内最具影响力的展会都被延期或取消了。例如全球照明行业影响力最大的法兰克福照明展，五金行业全球规模最大的德国科隆五金展览会，全球美容品牌第一展意大利博洛尼亚美容展。

展会取消对中国企业有不小的影响。中国企业想去参加这种展会，主要目的不是获得国际亮相机会，而是要在展会上把握行业的前沿技术和产品走向，这对自己未来的生产布局极为重要。

这些展会反映了中国经济在全球产业链上的结构性位置：中国在制造流程上具有巨大的规模性优势，但是在许多行业并没有核心技术优势，欠缺对先进技术路线和产品理念的引领能力。西方国家尽管在中低端制造业上无法与中国竞争，但在高端制造业上有不容动摇的优势地位；这里所谓的高端制造业不仅仅是生产芯片或者高精度机床之类的，更包括对未来技术路线及产品理念的研发、规划和引领，从而规定下游中低端制造业的演化逻辑的能力。

比如前面说的这三个取消了展会的行业（照明、五金、美容），它们都是市场规模达万亿元以上的巨大产业，中国在每个领域的规模优势都非常明显。然而，真正有影响力、具有行业引领价值的展会，并不在中国举办；不仅如此，中国企业在这样的国际展会上并没有多大的声音。

举个例子，法兰克福照明展总共大约有 10 个展馆，但是举办方只给了中国企业一个展馆（通常固定是 10 号馆），不允许中国企业去别的馆参展。这个馆代表的就是低端，连展馆内部的设计、管理都比其他馆明显要差很多。2018 年，为了摆脱低端形象，中国某龙头照明企业想去别的馆参展，无奈只能通过在荷兰注册的一家公司去申报展位，才得以和其他国际品牌出现在一个展馆。

展馆上的如此安排，可能会挑动极端民族主义者的神经，觉得中国企业受到了歧视，这种展览不去也罢。然而真正在行业中做事的人才知道，这种安排只是真实反映了中国企业在产业链中的位置。因为中国企业拿出来的确实属于比较低端的产品，其他展馆展出的都是高精尖或者有独特设计感的产品。

这些展会通常是本行业技术、设计、流行趋势的风向标，基本上都是被欧、美、日、韩等细分市场的龙头企业所引领的。实际上，中国制造业供应链每年的计划，在相当大程度上要看欧、美、日、韩的龙头企业，因为它们掌握着技术方向和产品调性，有着市场引领能力。

所以，中国企业去参加这种展会，主要是为了学习，为了了解市场趋势和行业前沿技术，以便规划接下来的产品、生产及相关资源的配套安排。国际展会是中国企业了解相关信息的重要平台。疫情导致这些重要的展会被取消或推迟，会影响中国企业对接下来国际市场走势的判断。在趋势判断不明朗的情况下，企业在投资方面就会变得非常谨慎和迟疑。

这对中国经济产生的影响可能不为行业外的人所知，却比疫情的影响更为长久和深远。

当然，中国在全球制造业中也有自己不可替代的优势。当国际龙头企业的技术创新和设计创新需要进行规模化量产的时候，中国的制造能力和成本优势是十分明显的。总结一下就是，如果脱离西方的技术和理念的引领，中国制造业就很容易与世界市场的发展方向脱轨；但是如果脱离中国制造业的规模效应，西方的技术和理念的落实效率就会大大降低。

可以看到，中国与世界越来越相互依赖，但这种依赖有着结构上的差异。中国更多的是外功，是肌肉，容易带来数量上的突破；西方更多的是内功，是大脑，更容易引发真正的质变。中国制造业在世界上有着难以被替代的巨大优势，但这种优势是不能脱离世界而自行运转的。中国必须保持开放，更多的开放才能真正地释放自己的优势。否则，徒剩肌肉，确实可以自娱自乐一阵子，但最终还是会遇到瓶颈，而这种瓶颈，只有靠新的技术才能突破。

要保证这样的开放，就不仅仅是个经济问题，更是个系统性的问题。比如，这次（蔓延全球）的疫情导致国际展会取消，效应反噬中国，让中国企业无法及时把握行业的国际进展，导致行动上的保守、迟疑。公共卫生问题在经济上的影响，远不只是我们表面上看到的停工之类，它有深远得多的东西。

在这次疫情中，通过各种新闻我们知道，中国的疫情信息收集系统已经极为先进了，但是公共卫生管理和决策机制要想匹配得上，仍然有不短的路要走。在中国的公共卫生系统中，信息收集机制与管理机制之间有着不小的矛盾张力。在相当程度上，我们可以看到：中国的内部管理机制落后于中国的全球经济地位，两者之间有着不小的矛盾张力。

这种矛盾张力会反噬中国自身，以各种我们事先想不到或外行看不到的方式影响中国。要克服这种矛盾张力，最重要的途径同样还是，中国必须保持开放，更多的开放。

为什么不应该说"有本事别买我口罩"

我们再回到中国制造业"溢出"的话题,要强调的是,贸易战并非只有这一种可能的走向。"溢出"的走向要想持续,必须以各国之间的基础信任没有遭到破坏为前提,但"封装式思维"的一种变体,却有可能侵蚀掉各国间的基础信任。

自贸易战开始以来,国内网络上有很多担忧中国制造业的声音,这是在"封装式思维"的影响下形成的过度担忧,属于"防御性封装式思维"。更值得担心的是,疫情期间国内网络舆论中出现了一种比较糟糕的"进攻性封装式思维",从长远来看,它会给中国带来真正的麻烦。

"进攻性封装式思维"首先表现为,随着中国的疫情有所缓解,而其他国家陷入困境,网络上出现了对国外疫情幸灾乐祸的调子。且不说这种幸灾乐祸缺乏最基本的同理心,即便只从功利的角度来讲,这种态度也是非常短视的。它没有意识到,既然各国是在生产流程的层面上分工,那就意味着不仅国外对中国有需求,中国对国外也有需求。中国经济因为疫情停摆,会对其他国家造成很大的影响;同样,其他国家的经济因为疫情停摆,也会对中国造成很大的影响。前面所举的国际行业展会的例子,就能够很清楚地说明这一点。

进一步深入分析这种幸灾乐祸的调子,会发现这又与疫情期间中国与西方世界之间的一些价值观层面的争论直接相关。这个问题值得多说几句，因为这些争论正是"进攻性封装式思维"更加极端的表现，它们会破坏中国与世界之间的互信，进而可能导致贸易战的另一种走向。

在疫情期间发生价值观层面的争论，这并不是特别令人意外。瘟疫在历史上一直是跟人类共存的，它构成了人类秩序演化的一种动力机制。人类历史不是线性匀速运动的，而是量子跃迁式的：社会保持长时间的缓慢稳定的发展状态；然后突然发生某些重大事件，历史进程因而突然加速，秩序发生深刻的变迁；然后再进入缓慢稳定的发展状态。重大瘟疫，毫无疑问就是这类重大事件中的一种。瘟疫带来的重大变迁，可能会引起治理层面上的重大变化；在某种意义上更重要的是，它会改变人们的价值观念。人们会重新思考价值问题、意义问题，会有新的价值排序出现。比如，中世纪欧洲的黑死病就逼迫人们重新思考"人"的价值，进而推动了文艺复兴运动的大规模展开。

在对价值问题的思考中，最根本的是要回答一个问题，就是"我是谁"。这种追问中的"我"不是生物性的存在，而是价值性的存在。"我"是由我所珍视的一系列价值构成的，我要通过对这些价值的各种实践，获得"自我"意义的充实感。

对这些价值的实践，就体现在人们的日常生活方式当中。人们对它经常是日用而不知的，但如果生活方式被触动、被改变，人们就会知觉到了，因为这会引起一种被严重冒犯的感觉。所以，价值观并不是一种抽象的存在，它很具体地体现在人们所珍视的生活方式中；一个人珍视什么样的生活方式，决定了他会怎样回答"我是谁"这个问题。疫情严重地改变了人们的生活方式，在这种情况下，既有的各种价值排序都可能遭遇严重的挑战，全世界都是如此。

对很多国家来说，早在疫情之前，人们所珍视的生活方式就已经开始受到挑战了；贸易战实际上也与此相关。这次贸易战背后的价值观冲突，与冷战时期大不一样。冷战时期的两大阵营各自有一套价值观，并坚信它代表人类历史的未来方向。两套价值观尖锐对抗，但是两大阵营在经济层面上是近乎相互隔离的，一方无法在经济层面上影响到另一方，经济活动没有直接的政治效应。

今天，世界各国之间在经济层面上的相互依赖和相互渗透达到了前所未有的程度。一个国家的经济政策有可能通过贸易过程的传导，深刻影响其他国家所熟悉、所珍视的生活方式，从而间接地引发价值观的冲突。经济活动于是就有了深刻的政治效应。这种政治效应会激活对手国——今天主要是西方世界——在对外政策上的一系列行动，贸易战只是其中之一。这也是中国仅靠更多地进口美国商品，无法在实质意义上化解贸易战的原因。

西方世界想要的，是改变一些非市场机制，消除人为形成的不对称竞争优势，形成一种真正市场化的竞争机制。如果这些目标都达不到，那么西方世界就可能会想办法把中国排除在贸易圈之外，否则，那些不对称竞争优势就可能通过贸易过程传导出来，进而深刻改变西方世界所珍视的生活方式，这会对其价值观构成真正深刻的挑战。

这种深层的价值观冲突，在贸易战中还没有太表现出来，但已经掩映在背后了。到了疫情当中，这种价值观冲突开始深刻地表现出来，中国与西方之间的互不信任也更深了。随着相互批评的激进化，国内网络上的民族主义情绪被点燃了，开始出现一些更具进攻性的"封装式思维"。

比如，3月下旬，西方国家疫情开始暴发之后，紧急从中国购买口罩。此前两个月中国疫情正凶猛之际，有大量厂家紧急上马生产口罩，品质良莠不齐，到了这会儿便有一些劣质口罩被卖到了西方国家。这引发了西方舆论界的批评，而中国的网络上则出现了一种针锋相对的表达："如果你觉得我们的口罩质量不好，那你就别买啊！"

这样的表达给对方的感受是，中国在用其强大的生产能力进行要挟，或者说中国在将其强大的供应链生产能力"政治化"。对方在直觉上会感觉自己的国家安全受到了威胁，这会极大地破坏各国之间的信任关系。

当各国之间基本的信任关系还在的时候，人们都是从成本的角度来考虑问题的；可一旦基本信任关系被破坏，人们就会转而从安全的角度来考虑问题了。此前的贸易战中，利益之争的成分大于价值之争，也就还未侵蚀到基本信任关系；可一旦没有了基本信任，西方国家就可能会不惜代价重建与安全相关的产业，这会带来极为深远的连锁反应，贸易战便可能出现另一种走向。

要强调的是，刚刚说的这些更多的是在分析中国可以改进的地方，这绝不是说其他国家没问题。但是在这种时候，过多地指责别国意义不大，这就好比做生意时遇到麻烦，好的管理层不会把精力放在指责竞争对手上，而会反思自己是否本应做得更好。这样才能让自己在竞争中真正地掌握主动权；至于对手的问题，如果真是问题，市场迟早会给它教训的。

"从 0 到 1" 与 "从 1 到 N" 的区别

要解释清楚西方国家可能"不惜代价重建与安全相关的产业"，得先看一下中国与西方各自在制造业上的结构性位置。前面已经大致说过，这里再稍微展开一下。

就全球制造业而言，中国的比较优势在于中低端制造业，西方的比较优势是高端制造业。中低端制造业的竞争力基础在于成本优势，而高端制造业的竞争力基础在于技术优势。技术优势是难以被超越的，而成本优势则只有在不涉及安全问题的前提下，才是不能被超越的；一旦涉及安全问题，成本优势就不复存在了。

"进攻性封装式思维"会严重恶化中国跟世界的互信关系，刺激西方国家从安全的角度考虑问题，并不惜代价重建与安全相关的产业。那么，究竟什么是与安全相关的产业呢？这个问题没有固定的答案。它既与技术有关，因为技术会改变"安全"的意涵；也与基本信任关系相关，这会改变人们对"安全"的感知。

过去，与安全相关的产业主要是军工类的产业。西方国家的制造业再怎么往外移，这些产业也仍然在他们自己手里，因为这种产业是不能从成本角度来考虑的。但是今天，与安全相关的产业很可能不只是军工产业了。比如，2020年3月24日，美国总统特朗普宣布要重建一系列产业，其中很重要的一部分就是与公共卫生相关的产业，以确保美国在这些方面不依赖其他国家。

所以，西方对安全问题的界定是变化的，与他们对中国的信任程度有重要的关联。互不信任的程度越深，安全问题的范围就会越宽。这会压低西方的经济效率，压缩中国的市场空间，是个双输的局面。但并不是说因为是双输，这种可能性就不会出现。熟悉博弈论的人都知道"囚徒困境"，在囚徒困境中，两个理性的人，最终选择出的结果从整体上看却是不理性的。

如果西方真的重建生产体系了（尽管目前这还不是个大概率事件，但绝对是个不容忽视的小概率事件），可能会怎样呢？我们可以简单地做一下沙盘模拟实验。

首先，有一点可以确认，就是与安全相关的产业，定义的边界即便扩大，最终也不会特别大。一个原因是，无论边界怎么扩大，绝大部分产品仍然只是日常消费品，与安全相关的永远是一小部分，在总的制造业当中的占比仍然不是特别大。正因为比例不是特别大，西方国家在"不惜代价"重建时，也才付得起这个代价。

中国在全球产业链中占主体地位的，还是那种与安全无关的日常消费产品。所以，从中短期来看，西方即便重建与安全相关的产业，对中国制造业也不会形成太大的压力。而且从中短期来看，很可能中国经济比西方国家还会更加亮眼。因为西方"不惜代价"重建是一种非市场行为，会带来很多资源错配的问题，压低经济发展的效率；而中国虽然会失去一部分海外市场，但由于政府不断拉动、刺激经济（虽然刺激的效率越来越低，毕竟整体的经济规模还在继续扩大），所以凭借强大的内需，中国经济还能继续往前跑。由于外部对中国的隔离态度，国内对外部的对抗态度会强化；并且由于中国经济的表现更加亮眼，国内还会有一波新的强烈民族主义情绪出现，欢呼"伟大的胜利"，甚至把隔离所带来的痛苦审美化，让自己深受感动。

但是，这一切仅仅是从中短期来看；从长期来看，中国则面临着重大隐忧。那些与安全相关的产业，即便西方重建了起来，中国的相关产业也并不会就此消失，毕竟庞大的国内市场还在，结果很可能会形成两套平行的生产体系，从中会进一步演化出两套平行的技术路线。

重要的是，与安全相关的产业往往都是技术演化的前沿领域，我们今天看到的很多非常重要的核心技术，比如集成电路、互联网，都是美苏冷战时期从军工企业中率先发展起来的，后来逐渐扩散到民用领域，这才成就了我们今天看到的一系列重要的技术发展。两套平行的技术路线对未来经济发展的拉动力，就要看它们各自的创新迭代效率了；遗憾的是，中国在这种技术创新迭代的效率上很可能与西方有较大差距。

要注意的是，这里所说的技术创新不是"从1到N"的创新，而是"从0到1"的创新。这两种创新所需要的条件是不一样的。"从1到N"的创新，需要的首先是庞大的市场，以及大规模的组织技术，中国在这两方面在世界范围内有着显著的优势；中国在各种技术应用及商业模式方面拥有强大的创新能力，与此直接相关。所以，中国的优势在于可以迅速把一项技术落地，并且凭借巨大的市场优势把产品卖成"白菜价"。在这个过程中，中国可以做出很多创新。"从0到1"的创新，需要的则是发达的基础研究、自由的研究环境、能够吸引高端人才源源不断到来的制度条件，以及广泛的国际交流。在这几方面，西方比中国有更大的优势；真正原创性的创新能力主要出现在西方，与此直接相关。

"从0到1"的创新具有引领性，"从1到N"的创新则主要是跟随性的，两者对经济的拉动方式和效应是大不一样的。中国有很多网民说我们可以自力更生、自主研发，就像在新中国成立之初的那二三十年一样。然而，只有在那些非引领性、非前沿领域中，自力更生才是可能的；在前沿领域的引领性尖端技术上，靠自力更生是根本不行的。

把各种制度环境放在一边，我仅从纯技术角度举一个例子。比如，材料科学是现在的前沿技术领域之一。2011年，美国宣布了一个"材料基因组计划"，把已知的10000多种材料的数据数字化，通过人工智能学习，开始模拟各种材料组合的性能。这就极大地提升了新材料的研发效率，科学家已经用这个办法发现了很多新材料。

于是，材料科学的发展速度便和人工智能的发展密切相关。人工智能的发展，除了需要足够数量的程序员、工程师，还需要两大基础：数据和算法。中国在数据规模方面有较大的优势，美国则在算法方面有较大优势；而驱动人工智能发展的根本还是算法。算法的根本，则是基础性的数学研究，这种数学研究和奥数完全是两回事，中国还差得很远。

另外，将基础数学转化为算法还依托于一系列编程语言。现在，国际上有一些开源代码社区，这是全球性的程序员社区，是程序员们追踪软件技术趋势最好的窗口。如果中国跟国际上形成技术隔离了，就意味着跟这些全球趋势也隔离了。中国当然还是可以用这些代码来开发，但很可能不再能获得授权并使用了，由此中国所生产的使用这些系统的产品就只能在国内销售，没法销售到国际上去。这样一来，产品的市场就被大幅压缩，但企业还是那么多，国内的竞争就会变得极为激烈，最终大家只能拼价格。惨烈的价格战又会大幅压缩企业利润，从而蚕食掉企业的后续研发能力，形成一个恶性循环。

这个案例以非常粗糙的方式呈现出，"从0到1"的技术迭代背后依托着怎样复杂的系统。中国只有在开放的环境中才能够紧紧跟上世界技术前沿的脚步，否则，在技术迭代上大概率会被西方甩开。

于是，虽然从中短期来看，中国的经济表现会更加亮眼，但这更多是量的膨胀，而较少是"从 0 到 1"的创新所牵引的质的跃迁。到了十几年或二十年后，西方完成了技术迭代，进入下一代技术，而中国的技术迭代能力跟不上，中西方有了技术代差，中国经济的大麻烦才会真正到来。

值得提出的是，当今正处在第四次工业革命的时代，信息技术是这次工业革命的核心产业；而在信息经济时代，最有价值的资产是数据。这就意味着，如果信任严重丧失，西方一定会把与信息经济及数据相关的产业都定义为与安全相关的产业。中国的优势在于重化工业（第二次工业革命的核心产业）和电子产业（第三次工业革命的核心产业），但这两次工业革命中兴起的产业都相当于信息技术产业的基础设施，它们的意义和演化逻辑是被信息技术产业反向定义的。中国在信息产业上，并没有什么难以被替代的优势，在一些关键领域还大大落后于西方。如果中国和西方在信息技术产业上的技术也脱钩了，那么前面说的"十几年或二十年"这个时间周期可能还会缩短。

德国的启示

刚刚的这个沙盘模拟过程很令人悲观。幸好，要走到这一步，现在还是个小概率事件，但它已经是个不可忽视的小概率，并且，如果"进攻性封装式思维"不被有效超越，中国与西方之间的互不信任继续加深，双方的情绪继续毒化，这个概率就会不断变大，走到那个临界点不是不可能的。

是否有突破这种可怕前景的可能性呢？当然有。不过，突破的前提是，让世界相信中国不会把自己的供应链能力"政治化"。如何做到这一点呢？看一下德国的历史，也许可以给我们一点启示。

"二战"之后，德国被打得一塌糊涂，西德首任总理阿登纳意识到，战后的德国必须同时完成两个艰巨的任务，但这两个任务又彼此矛盾。先说第一个任务，德国需要完成重建，否则德国的经济一路崩溃下去，可能会爆发无产阶级革命，最后整个德国都被纳入苏联的势力圈，这对西方世界来说是非常可怕的。再说第二个任务，德国必须获得邻居的信任，否则没法获得一个良好的外部环境进行重建。但是，获得邻居信任的前提却是德国不能重建，它一旦重建了，变得强大，邻居就会很恐惧；可是德国不重建的话，它就可能被纳入苏联的势力范围，这样一来，邻居就会更加恐惧。德国就此陷入两难困境。

到底该怎么办呢？阿登纳想出一个办法：德国必须放弃"德国是

德国人的德国"这种观念，让德国变成"欧洲人的德国"。这样一来，德国的复兴就相当于欧洲的复兴，德国才有机会同时完成两个任务。但这种理念空口说没有用，必须纳入某种具体可执行、可验证的制度框架当中，才能真正得到落实。

在当时的技术条件下，煤和钢是发动战争最重要的两种原材料，所以，德国就拉上法国、意大利、荷兰、比利时和卢森堡，推动成立了欧洲煤钢联营，将煤和钢的生产纳入一个跨国的联营委员会来统一管理。德国生产多少煤和钢，对委员会的其他国家来说都是透明的，这些煤和钢究竟会被怎么使用也是透明的。同样，别的国家生产多少煤和钢，对德国也是透明的。六个成员国各自把一部分经济主权拿出来，交给一个超国家的委员会来管理，这样各国就可以彼此信任了，此时德国的复兴也就等于欧洲的复兴了。阿登纳所要追求的那两个彼此矛盾的任务，由此也可以同时得到完成。

这就相当于，德国通过一种新的超越于民族国家的制度安排，把自己的生产能力"去政治化"，或者说得更深刻些，"去武器化"了。这样之后才能重建并保有自己的生产能力，同时仍然获得世界的信任。如果不肯把生产能力去政治化/去武器化，德国反倒没有机会保有生产能力。

到了今天，德国是欧洲人的德国，而欧洲也已经成为德国人的欧洲。德国对欧洲的影响力比历史上任何时候都大，但是没有任何人恐惧它，相反，有很多国家都在主张德国应该承担起更多的责任。德国放弃了自己的民族主义方案，才真正地兑现了自己的国家利益，让自己成长的果实能够真正地被收获。

今天中国与世界的经济逻辑和阿登纳时代已经有巨大区别了，但是人性是恒定的，信任机制如何能够建立起来，也有一些恒定的基本原则。他山之石，可以攻玉，德国的经验值得我们细细品味。

全球化到底会走向何方

有了这些沙盘分析和历史回顾，我们再把眼光转回到现实，看看在各种因素的牵扯下，全球化到底会走向何方。毕竟，中国与西方国家之间的基础信任关系已经遭到侵蚀了，但这种情况并非不可逆；要实现逆转，当然需要各方的共同努力，但我们首先还是要把现实搞清楚，才能知道中国应努力的方向，如何才是真正符合中国的国家利益的。

首先，仅就制造业而言，各国之间在生产流程层面已经是跨国性分工的状态了，这个大趋势不会轻易改变。因为这是市场自发演化的结果，是微观层面一系列公司、商人活动的结果，不是任何国家有意设计出来的。这种演化的驱动力不是价值观或生活方式，而是简单的成本机制。这种成本机制也不是哪个国家的政策改变得了的，除非该产品被界定为与安全相关。

因此，疫情过后，全球化可能面临一种精神分裂。经济层面上的全球化还会继续，不过主要是在与安全不相关的产业中；政治层面的全球化则可能遭遇明显退潮，疫情当中西方国家会扩大定义与安全相关的产业的边界，这些产业可能会退出经济全球化。其中蕴含着中国与西方的技术脱钩的风险，从长远来看，这会对中国产生巨大的影响。

但是，在退潮的政治全球化当中，孕育着一种新的经济全球化的雏形，只不过这是先从西方国家的区域化进程开始的，在区域化进程中，追求一种更高标准的自由贸易。具体说来就是，我们不能光看见特朗普让美国从各种多边组织中"退群"，却看不见他同时在拉各种新的"群"。比如，在特朗普的大力推动下，2020年7月1日生效的《美国—墨西哥—加拿大协定》（USMCA），替代了已运行20多年的《北美自由贸易协定》（NAFTA），大大提升了自由贸易的标准；特朗普仍在推动与欧洲以及日本进行新的自由贸易谈判，基本上是以USMCA作为谈判模板的。待这些谈判陆续达成，就是以若干个原则基本相同的双边协定替代了WTO的多边协定；多个双边协定事实上可以大致起到多边协定的作用，但标准明显更高。对西方国家来说，这种做法一方面可以起到把中国排除在外的作用，另一方面又可以避免其经济局限在本国市场，以致经济效率过低。

1996年，有33个国家共同签订了《瓦森纳协定》，成员国承诺不向非成员国（当然包括中国）出口该协定清单中列出的高端技术和军民两用产品。比如，由于《瓦森纳协定》，中国就无法购买世界上最先进的光刻机——荷兰的阿斯麦尔（ASML），于是中国的芯片制造能力比世界先进水平始终差一代以上。协定的成员国中，除了通常所理解的西方国家，还有东欧国家，以及南非、印度、俄罗斯等国。如果由疫情导致的不信任使得与安全相关产业的边界进一步扩大，那么《瓦森纳协定》的清单会不会变得更长？会不会出现一个新的《瓦森纳协定》？从西方的自由贸易标准进一步提高的区域化来看，这种可能性完全不能排除。

从长期来看，西方推动的这个区域化进程迟早会扩展为新的全球性进程，也会推动新的政治全球化的展开。只不过我们现在根本说不清楚，它究竟会以怎样的方式实现扩展。我在《溢出》一书中认真分析过的非国家的商人秩序，很有可能就是其题中应有之义。

如果把视野放大、时间段放长，我们又会发现，自2020年以来，人们不停惊呼的"见证历史"实在不值一提。20世纪的两次世界大战、惊心动魄的经济大危机、冷战的爆发、朝鲜战争、非殖民化进程、五月风暴、布雷顿森林体系的解体、石油危机、苏联的解体……哪一个都比今天的危机与动荡要深刻几个数量级。但是全球化并未因此止步，而是仍在不断向前推进。全球化就是危机推动的结果，每一次危机都带来了全球化进一步深入的契机。

全球化之所以不会止步，在于自地理大发现以来，人类已经联结为一个世界市场。任何国家的政策都必须落实为一套财政方案，任何财政方案都依托于本国经济，但任何国家的经济又都受制于超出本国政治控制范围的世界市场，而人类在世界市场上的相互依赖，今天已经发展到比历史上任何时期都更深的状态。

所以，经济全球化会不断拖着政治全球化往前走，前面说的区域化也迟早会扩展为新的全球化进程。如果哪个国家自外于这个进程，就只能在本国市场上活动。市场规模决定了经济效率，效率低的小市场迟早会被效率高的大市场击败并吸收掉，这是最基本的经济规律，不以人的意志为转移。

仔细看过往数百年历史的话，我们又会发现，虽然全球化是危机驱动型的，但人类在每次危机中往往要付出很大的代价，才能实现全球化的进一步深入。这一次的危机，我们可能会付出多大的代价，伊于胡底，现在还不知道，但我们无疑可以知道，中国会如何选择，是影响此次危机走向的一个重要变量。

中国应当如何抉择呢？这又取决于中国如何理解自己在当今国际秩序当中的比较优势——世界工厂地位。搞清楚中国是如何成为世界工厂的，以及这一地位未来可能会如何演化，是进一步讨论中国该如何抉择的基本前提。

第四章
中国经济成长的逻辑[5]

小镇与体系

　　前一段时间网上流传着一个帖子，里面提到了一系列通常不在人们视野中，却在特定领域里牛气冲天的中国小镇。比如，山东省潍坊市昌乐县鄌郚镇，生产了全球将近三分之一的吉他；江苏省泰州市黄桥镇，生产了全国70%、全球30%的小提琴；河南省许昌市是全球最大的假发制作和出口中心（不过，最近和一个在朝鲜经商多年的朋友聊天，他说现在全球最大的假发中心已经是朝鲜了，聊备一说）；河南省虞城县稍岗镇，生产了全国超过85%、全球超过50%的钢卷尺；江苏南通占据全国近50%、全球25%以上的家纺市场；浙江诸暨占据了全球淡水珍珠市场的73%；江苏省扬州市杭集镇生产了全球60%的酒店用品；江苏丹阳生产了全国75%以上、全球三分之一以上的眼镜镜片；深圳大芬油画村生产了全国 70% 以上、全球 40% 以上的装饰用油画；湖南省邵东县生产了全球 70% 的打火机……

这个单子还可以继续列下去，有太多的东西超出了我们通常的想象。

也许你会质疑，前面列的这些东西都是低技术产品，没啥了不起的。像钢卷尺这种产品，确实没什么科技含量，你在淘宝上花三四块钱就能买到 5 米长的钢卷尺，我找到的最便宜的甚至不到一块钱；但往前再多想一步，你会发现，去除各个环节的利润之后，这个钢卷尺的生产成本大概只有一块多。但是人们很少注意到的是，虽然钢卷尺本身确实是低技术产品，但以一块多的成本生产出 5 米长的钢卷尺的能力本身绝不是用一句"低技术"就能打发掉的。它背后有一整套供应链体系的支撑，脱离这种供应链体系，当然还是能生产出钢卷尺的，但是没法把成本控制到那么低。中国经济无可匹敌的能力恰恰隐藏在这里。

中国的经济奇迹，远不是用我们过去通常所说的人工和土地的要素价格低便能够解释的，其背后是中国在经济发展过程中，逐渐演化出的一个庞大的支撑系统。进入 21 世纪之后，这个庞大的系统不断高效地自组织、自演化，越发显现出其力量。把中国经济比喻为一台电脑的话，中国庞大的基础设施网络就相当于电脑的硬件系统，中国庞大的供应链网络就相当于电脑的操作系统，各种具体产品的强大生产能力就相当于我们看到的各种应用软件在这台电脑上跑出的分。在跑分的软件既可能是最简单的扑克牌小游戏，也可能是庞大的数据库软件，无论是什么软件，在强大的硬件系统和操作系统的支持下，都会有出色的成绩。

平时我们最关注的是各种应用软件，在讨论问题时，硬件系统和操作系统经常被我们当作背景而忽视；但绝不能忘了，应用软件之所以能跑出很高的分，绝不仅仅是因为这个软件本身设计得当，更是因为它有底层的一整个系统来支持。

这一系列牛气冲天的小镇的案例，反映出的并不是一个或几个企业的力量，而是中国制造业作为一个体系或者一个系统的力量；尤其是现在，与很多别的发展中国家相比，中国在人力和土地成本上已经不占优势，但这些低技术行业却仍然有超强的成本控制能力，从而具有强大的竞争力，这一切更能反映出这个体系本身的力量。这个体系当然不可能脱离世界独自运转，它必须融入世界经济秩序才能存活；但我们也不能光看到世界经济秩序，而忽略了对中国经济演化出的这个体系的理解。否则，对问题的判断就会出现差错。

我们把目光从低技术行业挪开，再来看看高技术行业，就更容易发现中国的体系所具有的独特力量。我在前面几章所谈到的世界各国的政治空间与经济空间日益分离，奥秘很可能就埋藏在这里。

《拜杜法案》与美国创新经济的转型

高技术行业首先依赖于创新。在可预见的未来，美国的创新能力仍然是最强大的，它在对知识产权的保护、资本市场的效率、创新的激励机制、人才的吸引力等诸多方面都有压倒性的优势。但是很有趣的是，进入 21 世纪之后，一个越来越明显的趋势是，美国的创新能力必须与中国大规模制造的能力结合，才能把创意真正地产业化。这个趋势简单化地表达就是：美国创新、中国生产、全球销售。[6]

这一趋势的出现，与全球经济秩序的大转型紧密相关；而这个转型的首要拉动力量又是西方国家，尤其是美国的创新经济的转型。转型的关键是美国 1980 年通过，1984 年、1986 年又进行修订的《拜杜法案》。该法案在科研成果的商业权利上做了一系列新的设置，从而刺激了美国创新经济的转型。下面简单介绍一下这个法案。

在《拜杜法案》之前，美国施行的是从"二战"中研发原子弹的曼哈顿计划沿袭下来的科技政策。联邦政府注意到了研究型大学在曼哈顿计划中的卓越表现，于是大规模资助这些大学，让它们在政府关注的一系列领域做深入研究，比如航空航天、卫星通信、计算机。当时的专利政策奉行的是"谁出资、谁拥有"原则，联邦政府资助的项目，成果的所有权当然就归政府。这导致高校没有动力去推动新技术转化为民用科技产品，而政府既没有多少动力（因为激励机制不足），也没有多少能力（因为不懂这些技术）去推动转化。另一方面，当时的技术转让费用非常高昂，因为按照惯例，技术转让时买方需要把专利的各种权益都买走，以便对专利有完整控制权。*结果是只有大公司有能力购买这些技术专利，但大公司的数量是相对有限的。

这些制度安排的背后，都有一种"集中力量办大事"的理念在引导，但其结果是，大量科研成果被闲置。截至1980年，联邦政府持有近2.8万项专利，但只有不到5%的专利技术获得了商业转化。

《拜杜法案》做了一个重大调整，它规定：政府资助研究所产生的技术成果，其权利默认由大学保留，大学应当积极推进成果的商业转化，并与发明人分享成果转化的收益。高校获得了收益权，便有了转化动力，又因为它懂得技术，也有能力去推动。法案又规定：公司如果把技术买走，但是并没有对其做市场化开发，也就是说，几年内都没有后续动作，那么高校是可以再收回知识产权的。这就意味着，公司无法再获得对专利的完整控制权。既然如此，公司也就不会再想购买专利的所有权，只要获得其独家的商业开发权就够了，这也成了《拜杜法案》实行之后技术转让时的标准操作。所有权和商业开发权的分离，使技术转让的费用大幅降低，小企业也买得起了。该法案还规定：如果大学不能让科技成果服务于市场，政府有权收回成果的所有权，这就进一步刺激了大学去努力推动成果的转化。

---

* 实际上，技术专利的所有权和商业开发权是可以通过合同做区分的，购买者不一定要购买所有的权益。但是在《拜杜法案》实行之前，大公司的惯例是购买所有的权益，以便对专利有完整控制权，小公司在出价购买时也就没有竞争力了。

《拜杜法案》被英国《经济学人》杂志评价为"美国国会在过去半个世纪中通过的最具鼓舞力的法案",它极大地促进了小企业的发展,推动了产业创新。我们从掌握技术专利所有权的高校的角度来分析一下原因。大企业对单项技术的重视程度会远低于小企业,因为大企业会同时研发多个产品线,同时购买多种类似的专利,有时购买一些专利不一定是真的想用,只是为了防止它落入竞争对手之手;于是高校将一项专利卖给大企业后能有多大的收益,不大好说。但是小企业买到单项技术之后,就会把大量资源投放其中,还会欢迎高校的基金来投资并占有一定的股份,因此高校就会更愿意与小企业合作。而小企业的数量是远远多于大企业的,技术实现商业转化的可能性一下子增大了,创新的活力被极大地激活。

由此也带来了美国创新经济的结构性转型。以往美国的创新都是掌握在大公司手里的,但是《拜杜法案》刺激了小公司的创新,大公司反倒不再有这方面的优势了。小公司由于资源所限,不会把摊子铺得很大,而是会聚焦在自己擅长的领域,将之做到极为出色,一招鲜,吃遍天。今天我们知道的很多特别酷炫的技术都是在小公司里发展出来的,然后被卖给其他公司用于开发产品。像苹果这样的大公司的做法就是购买这些小公司开发的技术授权,再整合出新产品。对那些小公司来说,最优策略不是自己去进行整合,而是吸引更多公司来购买自己的技术,这才是它们真正的比较优势所在。

于是我们可以看到,大公司能做各种产品上的创新,但是对技术没有垄断，没法阻止其他人模仿自己；而有技术的小公司又希望吸引更多公司来购买自己的技术，这就进一步刺激了很多公司去模仿类似于苹果这样的大公司的产品创新。

由于大、小公司在创新上的不同运作逻辑，最终的结果就是，就市场占有率高的很多大公司而言，它们的创新不是技术创新，而是产品创新；这种新产品的设计，我们甚至可以说它是观念创新。大公司无法杜绝他人对自己的观念创新的模仿，但又不再有技术壁垒，就只能追求速度壁垒，也就是要让自己创新的速度比别人快，才能确保自己的优势地位。为了确保创新效率，这种大公司就必须将自己的生产流程外包出去，不能放在自己手里。因为只要它们把生产流程握在自己手里，一旦有了新的创意，就得调整整条生产线，转型成本非常高，这会严重拖累它们的创新效率，所以大规模外包便成了西方这一轮创新经济的内在需求。

中国供应链成长的奥秘

大规模外包需求的出现，正好跟中国一系列经济演化的节奏匹配上了：中国在这个时候形成了强大的承接外包的能力，顺势获得了超高速度的经济增长。过去人们经常把中国经济高速增长的原因归结为劳动力和土地的要素价格低廉，这个解释的反面就是，一旦要素价格上涨，中国经济的增速也就该走下坡路了。然而，到了21世纪初期，中国在这些方面的要素价格已经比20世纪80年代和90年代高多了，但是增长速度并未下降，甚至仅仅看制造业的话，中国经济的发展还更快了。这就意味着仅仅用要素价格并不能解释中国经济的成长，必须再寻解释框架。

在我看来，西方大规模外包的需求与中国的土地财政这两者的时间耦合才能解释中国经济在21世纪如此高速的增长。而在这个解释框架里，很多人常说的2001年中国加入WTO这一事件，对中国经济的高速增长仅仅起到了锦上添花的作用。

先说大规模外包。

外包业务的承包方必须能够同时满足效率与弹性这两个要求。生产流程中倘若没有效率，就拿不到订单，要有效率就得专业化；但如果过于专业化又会被锁死在特定的需求上，上游的需求一变，下游的小企业就死了，所以整个生产流程中又必须有弹性，能够迅速调整变化。但是有弹性就难以专业化，效率和弹性这两个要求本身就是矛盾的，在同一个企业内部很难同时实现。

中国则同时实现了这两个要求，方法是通过供应链网络把效率与弹性放在不同的位阶上。供应链网络中的单个中小企业都极度地专业化，只生产被拆解到作为极为基础的元素的零件。由于已经被拆解到极为基础，这些产品的通配性反倒特别好，可以和许多别的工厂生产的其他零件，形成各种各样的配套组合。打个比方，这就相当于每个中小企业只生产一个特定形状的乐高积木，无数个中小企业就有了无数种形状的乐高积木，它们结成了一个庞大的网络，彼此之间可以以各种方式被组合在一块，拼搭出各种东西。

这样一来，高度专业化的单个中小企业保证了效率；通过中小企业不断动态重组相互间的配套关系，整个网络又有了弹性。这样的供应链网络不是谁能计划出来的，它就是在市场过程中自发演化出来的；中国加入WTO，更顺畅地进入世界市场，也进一步加快了供应链网络演化的速度。

这些中小企业不是国企，而是在市场过程中自发成长起来的民营中小企业。国企更多应该是作为让供应链运转起来的广义基础设施而存在的，提供交通、通信、原料供给等基础服务。如果没有这些广义基础设施，那么供应链网络的运转效率就会大受影响；而广义基础设施的建设，是在一种产业政策的引导下出现的。这个部分并不符合我们对于完美的市场经济的理解，但它让中国成为世界上唯一一个拥有联合国产业分类目录中所有工业门类的国家，拥有了完整的工业体系；从另一个角度来说，真实世界中也并不存在完美的理想市场经济，一如国际大宗商品的定价机制，并不是完全由市场决定的，而大宗商品是其他产业能够市场化运作的基础。

所以，我们关注国企的角度应该是，它是否会超越自己作为广义基础设施的这个定位，直接或间接地进入应该由市场起主导作用的经济领域；中小民营企业所组成的供应链网络，毫无疑问应该属于市场起主导作用的领域，也只有在市场机制下，最有效率的供应链网络才能够成长起来。

接下来再说说土地财政与供应链网络的关系问题。

大规模的供应链网络若要成立，一开始一定要有足够数量的、分工足够精细的企业几乎同时成长起来，形成一个具有自我运转能力的供应链网络；因为这些企业已经极度专业化，必须相互依赖才能存活，所以它们要么几乎同时成长起来，要么就是谁也成长不起来。这么多企业几乎同时成长起来的一个前提就是，有很多规模很大、基础设施已经非常到位的工业开发区——这也算广义上的城市化——被建设起来，同时又还没有相应的工业进驻能力；换句话说，是否有大量近乎空白的开发区等待企业进驻。只有存在这样的地方，供应链网络才能生长起来，而且可以想见，供应链网络是分布式生长，其速度一定是历史上前所未见的。

刚好，中国基于土地财政而有了这样大片近乎空白的开发区。

1994年，中国推动了分税制改革，财权上交中央，事权仍然留在地方，这使得地方不得不另寻办法来筹集依靠税收无法满足的财政需求。在这个过程中，由于我们所知道的各种中国特色，地方政府发现土地财政是一个非常好的办法，于是大量的开发区被建了起来，到21世纪初期初见成效。

这个过程带来了一个很有趣的结果：与西方国家相比，中国走了一个反向的历史进程。西方国家的历史进程都是工业化引导城市化，因为相对于乡村，城市里的公共服务需求要大得多，农业经济下的财政不足以支持如此规模的公共服务，所以必须先工业化了，有了必备的财政能力，才有可能城市化。

但中国土地财政的逻辑是城市化先于工业化，先把开发区建设起来再说，是否有足够的工业进驻能力则不一定——在建时当然是假设能的，但是当无数个城市都在建设开发区时，形成的总容纳能力就远远超过最初的想象了。有可能一个开发区建成了，计划容纳1000家，但最终招商只能招到100家，空了900家，就相当于这开发区近乎是空白的。倘若工业进驻能力跟不上，当偿债周期到来时，各个地方的经济便可能陷入极为可怕的危机，经济呈现断崖式下跌。

这种可能性本来是不小的，但是没想到，世纪之交的时候，在开发区建设初见成效、土地财政将崩未崩之际，西方的大规模外包的需求到来了。这些空白的开发区反倒准备好了必要条件，供应链网络因此获得机会迅速成长。再加上这时中国加入了WTO，几个因素加在一块，使得中国经济的制造业部分以一种让人无法想象的速度崛起了，并且拉动了整体经济的高速发展。而原本可能到来的经济危机，也在这个过程中被消弭于无形。

说到这儿，我们就看到了，中国经济的高速增长在相当程度上是由西方的创新经济拉动起来的，这种增长无法脱离世界大势而获得解释。这深刻地反映了中国与世界的一致性，但是我们也可以看到中国的特殊性在其中的深刻体现。

分析供应链网络时有一个重要的变量，那就是规模。规模越大，网络里的中小企业就越多，分工就越精细，越有效率；同时网络里各个节点动态组合的可能性就越多，也越有弹性。一旦网络的规模超过某个临界点，其成本结构就会出现重要变化。在生产环节的综合成本当中，劳动、土地等要素价格的占比大幅下降，供应链网络的运转效率——我们姑且将之归于广义的交易成本——的占比大幅上升，以至于即便劳动和土地的价格在上涨，综合成本的控制仍然不是什么大问题，因为供应链网络的效率的提升能消化掉这部分价格的上涨。

中国的供应链网络在规模上是举世无双的，其发展也已经过了那个临界点，结果就是中国开始在全球范围内吸纳对供应链有需求的制造业，全球的中低端制造业都向中国转移。在未出现实质性的技术变迁的前提下，这种转移差不多是终局性的，也就是说，进得来出不去；除非某种产品对供应链需求很低并且对远距离物流成本很敏感，那它就更适合靠近市场来生产，才能够从中国转移走。

但是这并不排除中低端制造业从中国外溢到邻近的东南亚国家的可能性，之所以说是外溢而不说是转移，原因在于东南亚国家在供应链网络的规模优势上同样是无法与中国竞争的，所以它们可能承接从中国供应链中溢出的一部分生产环节，但无法取代中国的制造中心地位。既有的一些研究也支持这一假说，依据世界银行在 2007 年的一份研究报告，中国与东盟之间的贸易品主要是零部件与半成品[7]，到今天，零部件与半成品在贸易中的占比变得更大。这种贸易只有在同一个供应链网络内部才有意义，网络之外需要的不是零部件和半成品，而是终端产品。既然如此，制造业从中国向东南亚的外溢，就意味着以中国为中心的供应链网络的规模在进一步扩大，那么中低端制造业向这个东亚制造业集聚区以外转移就会变得更加困难了。这个观点也为我2019年在越南做的深度调研所验证，在可预见的未来，贸易战也无法在实质上改变这一点。[8]

"全球双循环"结构与全球失衡

在前述背景下，对西方国家来说，制造业向东亚的转移过程让它们越来越去工业化，这会不断放大它们在创新产业上的比较优势，同时也直接表现为它们在服务贸易上规模的扩大。而中国的比较优势就在中低端制造业上，并且中国是通过联合起整个东亚制造业集聚区、形成一个庞大的共生生产网络而获得这种优势的。而其他非西方（不发达）国家的比较优势则集中在第一产业的原材料这个层面上。

这样看来，中国*的制造业与西方的创新产业之间可以形成一个经贸循环，中国的制造业又与非西方（不发达）国家的第一产业之间形成了另一个经贸循环。在这两个循环之间，由于产业结构的落差，

---

* 下文所谓的"中国"，实际上是指整个东亚制造业集聚区，只不过中国是其中有主导力的核心国家，为简便起见，用"中国"来指代东亚制造业集聚区。

非西方（不发达）国家的第一产业和西方国家的创新产业无法直接形成经贸循环，必须以中国的制造业为中介。由此全球经贸就形成了一种"全球双循环"的结构，中国处在连接两个经贸循环的中间节点性位置，中国在这个意义上成为"枢纽"。说得更准确些，很可能是中国与若干个东南亚国家一起构成这个"枢纽"。

由此我们可以看到一个双向影响的结果。世界经济转型的大势拉动了中国经济的成长，中国经济反过来也深刻地改变了世界经济秩序，形成了国际经贸循环中的一种"全球双循环"结构。

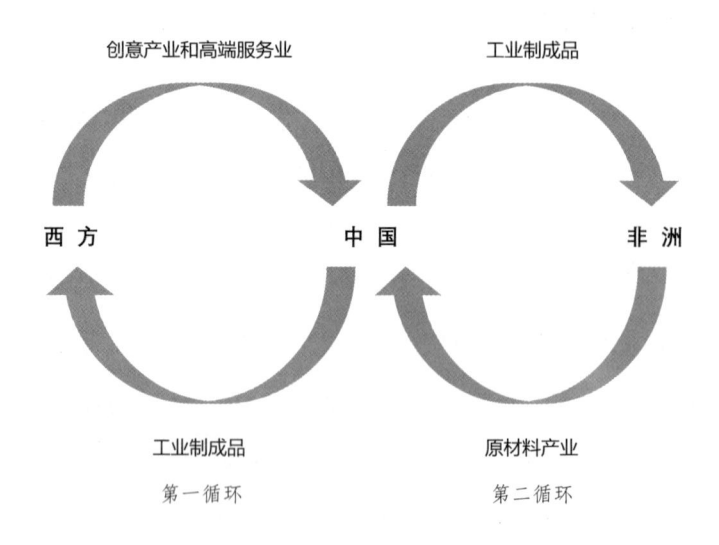

```
         创意产业和高端服务业            工业制成品
              ↓                          ↓
     西方  ⟲        中国        ⟲  非洲
              ↑                          ↑
            工业制成品                原材料产业
              第一循环                  第二循环
```

如果我们更仔细地观察，就会发现，在横向的"全球双循环"结构之外，还有一个纵向的"全球双层循环"结构。美国拥有世界货币——美元，它基于此所主导的全球资本循环是"全球双层循环"中的上层，覆盖在各种类型的实体经济循环之上；"全球双循环"则是在全球资本循环之下的、有某种从属性质的实体经济循环。把握这样的纵向、横向多元复合的全球经济循环结构，是我们真正理解世界经济秩序的前提。

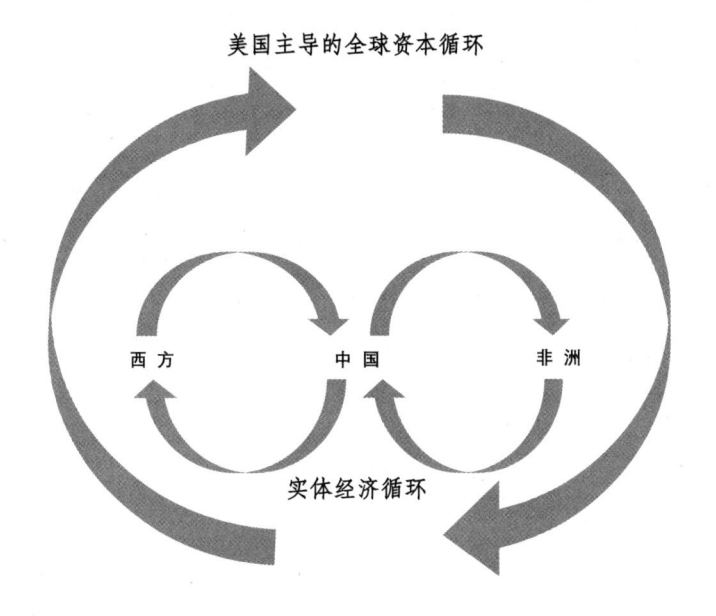

美国主导的全球资本循环

西方　　中国　　非洲

实体经济循环

在这种多元复合结构的视野下，我们还会发现，世界经济真正的发动机仍然在西方，尤其是在美国。一方面是因为"全球双层循环"当中具有主导性的全球资本循环是掌握在美国手里的；另一方面也是因为前面谈到的全球创新的发动机也在美国。只有创新，才能带来经济上质的增长，否则便只有量的扩张；在给定的技术条件下，资源是有限的，单纯依靠量的扩张，迟早会陷入内卷化的困境。基于前面的分析，我们也可以知道，中国的经济成长在相当程度上是被西方创新经济的新模式拉动起来的。

虽然发动机在西方，但发动机需要传动轴才能让整个车跑起来，而中国就是传动轴。中国这个传动轴的出现，会对全球经济秩序造成深远的影响，让现有的全球经济治理秩序遭遇挑战，也导致国际经贸秩序以及很多国家的内部秩序出现失衡；今天我们所看到的贸易战等问题，其根源也在这里。

我们在上一章已经提到过，这些失衡问题会引发很多在现有机制下不易处理的贸易冲突。这些冲突也会让世界对中国提出一些要求，希望中国做出一系列改革。如果我们不能有效理解这些要求，而是做出比较强硬的回应，就会让中国在国际上陷入困境。

同时，我们可以看到，西方在这个过程中大规模地进入去工业化的进程。历史上，随着新工业中心的崛起，老工业中心的传统产业也会走向衰败，造成工人失业，从而引发一些社会问题。但是过去的发展节奏不像今天这么快，新老工业中心的迭代可能是在四五十年内完成的。这就是两代人的时间，老工业中心有相对充裕的时间来把失业人口消化掉。而中国作为新工业中心的崛起是在十几年的时间中实现的，只有半代人的时间。美国这样的老工业中心的传统产业大规模衰败了，根本来不及消化掉失业人口，这就会引发各种各样的社会问题。

不光美国是这样，欧洲国家的很多传统工业城市也面临相似的境遇。非西方国家和地区也同样如此,再加上其国家能力本来就比较弱,于是当地的秩序就会陷入更加脆弱的状态。这些失衡进一步引发了各国政治上的民粹化转向,最近这几年西方国家和一些非西方国家都有一系列民粹气质很强的领导人被选上台,都是当下经济背景下的政治反映。中美贸易战其实也是"全球双层循环"结构对国际经贸秩序冲击的一个表现,而美国手上有特别多的筹码,原因就在于它在"全球双层循环"当中的优势地位。

这一章中我们分析了中国经济成长与全球秩序之间的关系。这个全球秩序的治理机制虽然已经遭遇严峻的挑战,但是它仍然对未来的演化路径有着某种规定性效应,我们无法脱离它来凭空想象未来的秩序。下一章我们将讨论一下这个全球秩序的生成及演化逻辑。

第五章
开放与封闭的对抗

中国经济近30年来的高速成长,是在高度开放的状态下实现的。我们把视野拉高一个维度就会发现,国际秩序的演化有一个基本逻辑:它是一个开放秩序与封闭秩序相对抗,开放秩序在对抗中不断扩展的过程。中国的开放与发展,正是在这样的大背景下实现的。这个逻辑也是我们理解未来秩序演化路径的一个重要基础。

回顾历史上的一个很典型的案例——拿破仑掌权时期的法国与英国的对抗史,我们就更容易梳理清楚这个逻辑。

如何困死拿破仑

拿破仑1799年开始执掌法国政权,此后东征西讨所向披靡,不服的国家几乎都被他打趴下了。只剩下一个英国，它死活就是不服，于是拿破仑下定决心要跨海打败它。但是拿破仑组织起来的庞大舰队，在1805年的特拉法加海战中遭到英国的致命性打击，精锐尽失，再也没能恢复起来。现在伦敦市中心有个广场叫特拉法加广场，就是纪念这场战役的。既然靠军事手段搞不定英国，拿破仑就动用了第二个办法——贸易战。1806年，拿破仑颁布了大陆封锁令，要求欧陆所有国家断绝与英国之间的贸易关系，法国地盘上的英国侨民都被视作战俘，英国的货物和商船，以及曾在英国靠岸的中立国的船只，一旦落到法国手里就会被全部没收。

这个政策真是够狠的，拿破仑看准了英国的财富和力量在很大程度上来源于其海外贸易，而欧陆是英国最大的市场，于是他就想把英国封锁在这个市场之外，憋死它。但是可别忘了，贸易是相互的，拿破仑想憋死英国，英国反过来也会想办法憋死拿破仑。所以英国马上针锋相对地宣布，没收那些配合法国大陆封锁令的中立国船只，其他中立国船只都要到英国指定的港口卸货，同时对法国实施禁运。双方用的都是杀敌一千自损八百的打法，这种情况下就看谁能扛得更久了。

历史证明，法国扛不过英国，拿破仑的政策失败了。因为法国的盟友们首先就受不了了。俄罗斯和普鲁士等国都是大量出口农产品的国家，它们最主要的市场就是正在发生工业革命的英国；法国本身差不多也是个农业国，跟普鲁士、俄罗斯近乎同态竞争，根本无法替代英国来消化俄罗斯等国的产品，还要硬逼着俄国不许和英国贸易。在这种情况下，俄罗斯就偷偷地和英国进行走私贸易。拿破仑发现屡禁不止，这样下去根本就耗不死英国，只能先把俄罗斯这个吃里爬外的家伙干掉再说。所以拿破仑在1812年发动了征服俄罗斯的战争，也正是这场战争把拿破仑送上了末路。

英法的这段对抗史，通常会被归为海洋秩序与大陆秩序的对抗史。如果你对欧洲史比较熟悉，就会发现近代以来的海陆对抗历史都是以海洋秩序获胜而告终。16世纪的陆地霸主西班牙，败给了英国；后来，西班牙加入英国一方对抗新的陆地霸主法国，法国又几次败给了英国；再后来，法国也加入英国一方对抗另一个新的陆地霸主德国，德国先后两次败给了英国和美国；之后，德国也加入英美一方，对抗新的陆地霸主苏联，苏联又败给了美国。

总结一下这段历史：海陆秩序的对抗史，就是海洋秩序不断获胜的历史。海洋秩序每获胜一次，就有可能把失败的陆地霸主拉到自己这一边，此时又会冒出一个新的陆地霸主，并且搞出一套新的玩法，但海洋秩序还是会获胜，再等待下一个陆地霸主的出现。于是，这个对抗史又可以说是海洋秩序不断扩展的历史。

为什么总是海洋秩序获胜

那么问题就来了，为什么总是海洋秩序获胜呢？这就跟前面说的开放秩序与封闭秩序的差异有关了。

我们继续聚焦在拿破仑的大陆封锁政策上,会发现:拿破仑能做到的只是控制欧洲大陆市场(实际上,他在这方面的控制力也很成问题),但这种控制就意味着他只能放弃欧洲之外的全球市场,因为法国的这个政策让他只能放弃海洋。带来的结果就是,拿破仑代表欧洲大陆封锁英国,英国则代表全世界封锁欧陆。其他的陆地国家与海洋国家争霸失败的过程,也都大同小异。

拿破仑努力控制的欧陆市场,规模肯定小于英国能主导的全球市场,小市场的经济效率低于大市场的,这是一个基本的经济学逻辑。所以拿破仑的政策注定失败,不是因为俄国吃里爬外,而是基本的经济规律所致。从一个直观的数字也能看到这一点:大陆封锁的前一年,1805年,英国的对外出口额是4820万英镑;封锁了4年之后的1810年,英国的出口额达到了6100万英镑。但更能说明问题的是,大陆封锁政策是一种超级贸易保护政策,虽然它让法国的很多领域的工业生产能力也获得了翻番甚至几倍的提升,但法国最终还是败给了英国。原因就在于,在大陆封锁政策下,讨论法国的经济效应,大致只能以法国为单位;讨论英国的经济效应,则要以远大于英国的全球市场为单位,所以两国本身的统计数字,是无法真实反映它们的影响力的。

为什么英国就能主导全球规模的大市场呢?因为全球贸易是通过海洋完成的,而英国主导着海洋。但更重要的是,对英国来说,主导海洋与主导全球市场是互相成就的。它能够主导海洋，就能控制全球贸易航线；而能够主导全球贸易，从中获得的收益又让英国有财力来主导海洋。也就是说，海军能力和经济能力是相互促进的关系，而陆军能力和经济能力则不是相互促进的关系，而是一种消耗性关系，这就让拿破仑政策的经济效率更低下了。

那么英国主导海洋，是要把全球贸易都控制在自己手里，像拿破仑控制欧陆贸易一样吗？当然不是。对海洋国家来说，既然它已经控制海洋了，那就可以把海洋开放出来，让所有人到上面做生意，然后自己来收租，这才是最划算的；这就相当于自己建立了一个平台，向所有来做交易的小商户收租，自己用不着再费力做具体的交易，这是最划算的。而如果主导欧陆的拿破仑不特地去控制欧陆贸易，欧陆国家就很容易加入全球市场，自己的整体战略就会泡汤，所以法国不得不直接上手。

说到这儿，海洋秩序与陆地秩序的一个本质性差异就浮现出来了。这个差异并非一个在海上搞事，一个在陆地上搞事，而是两者打造的分别是开放秩序和封闭秩序。所以，海洋秩序与陆地秩序的对抗史，又可以说是开放秩序与封闭秩序的对抗史，最终是一个开放秩序的国家不断获胜，并把过去的封闭秩序的国家拉入开放秩序，使其不断扩展的过程。

我们还可以从政府与社会的关系的角度来看看开放秩序不断战胜封闭秩序的人类历史。

在 16 世纪的大航海时代开启之前，想争霸的国家，只能想办法动员自己地盘上的资源，谁的地盘大，谁就更容易获胜；但是在大航海之后，争霸的国家都可以在全球范围内动员资源，谁能动员更多的远方资源，谁就更容易获胜，和本国地盘大小没有必然关系了。那又该怎样动员远方的资源呢？主要是通过远洋贸易。于是我们就会看到，争霸的国家所要打造的秩序越有利于远洋贸易，就越容易获胜。

远洋贸易主要是由民间社会去世界各地冒险实现，范围可能遍及全球，然后逐渐形成一个全球经贸网络。在打造开放秩序的国家，政府是跟着民间社会的节奏行动，其国家战略就会落在对这个全球经贸网络的经营上，这个网络会把其他国家的经济也裹挟进来。而在打造封闭秩序的国家，政府要控制民间社会，让社会跟着政府的节奏行动，但政府控制的范围只能局限于本国领土。于是矛盾就出现了，一方面，即便在封闭秩序的国家，其民间社会实际上也参与了全球经贸秩序，因为全球市场会带来最大的经济机会；但是其政府却试图对社会进行管制。另一方面，政府又需要从民间社会中收税以便有钱来管制社会，如果政府管制太严，社会被隔绝于开放秩序，经济就会很糟糕，最终政府就收不到足够的钱来管制社会。

也就是说，这种国家越是成功地打造了自己的封闭秩序，这个秩序就越难以持续，这是一种会走向自我否定的成功；即便其经济还说得过去，其政府与社会之间也还是产生巨大的摩擦。两相对比就知道，开放秩序的国家在与封闭秩序的国家争霸时，更容易获胜。失败的一方迟早也会以某种方式加入开放秩序，唯有这样才能打破自我否定的怪圈，也才能消除其政府和社会之间的摩擦。

现代国家的制约机制

我们做进一步观察还会发现，开放与封闭这两种秩序，在政府与社会的关系上还有个巨大差别。开放秩序中的规则主要是民间社会自发形成、政府追认的结果，在形成规则的过程中，社会大于政府；封闭秩序中的规则主要是政府主导制定，民间社会被动接受和适应的结果，在形成规则的过程中，政府大于社会。也就是说，一个国家中如果社会大于政府，那么它就是开放秩序或者海洋秩序的一部分，即便这个国家不是岛国而是个陆地国家，比如"二战"之后的联邦德国；一个国家中如果政府大于社会，那么它就是封闭秩序或者陆地秩序的一部分，即便这个国家在地理上是个岛国，比如"二战"中的日本。一个国家是属于海洋秩序还是陆地秩序，是可以随着这个国家的变化而改变的。当然，这里说的是个理想状态，它可以帮我们更清晰地把握一些逻辑关系；在现实中不是非黑即白的，而是有个灰度递进的状态，但我们还是大致可以说，某个时期的某个国家气质上更接近哪种状态。

我们讨论开放与封闭的时候，着重于政府与社会的关系，而不是把它简单还原为某种意识形态，原因在于，我们实际上无法仅仅从意识形态上来判断一个国家属于开放秩序还是封闭秩序。这与古典政治和现代政治在正当性来源上的巨大差异有关。政治统治中有个很关键的问题，就是人们会问一句"我凭什么听你的"；所谓"正当性"，就是要把这个"凭什么"说清楚。

在古典政治中，统治的正当性在于统治者"上应天命"。具体什么是"天"，则是另一个问题，有可能是上帝（安拉），有可能是一个抽象的理念"天"，也有可能是某某大神。无论是什么，这个"天"都是基于宗教的，它超越于任何人和任何组织之上。古典政治正当性的核心问题在于对"天"的解释，但无论怎么解释，都不能脱离"经"，而"经"是不容修改的。一个政权能否自我证成，其统治到底有没有正当性，是有一个外在的判断标准的。

现代政治有一个巨大变化，从原则上说，它是"人民"的自我统治。所谓"自我统治"，就意味着正当性是自我赋予的，也就是说，之所以"我们"应当自我统治，是因为"我们"决定自我统治。现代政治不依赖于什么外在于"我们"的标准，只依赖于"我们"的意志。其结果就是，无论什么样的政体都能自我证成，只要它能给出一个关于"我们"或者说"人民"的建构。所以，现代政治的核心问题是对"我们/人民"的建构，建构方式多种多样。同样一个群体，基于不同的叙事逻辑，能够被建构为各种意涵区别巨大的"我们/人民"。

"我们／人民"决定自我统治,因此"我们／人民"就有正当性,也就是说,现代政治的正当性实际上是基于循环论证的。所以,在一些古典学家看来,现代政治都是僭主政治。僭主政治,就是通过自我证成／循环论证出其正当性的,它给自己设定一个标准,而自己无论如何都会符合这个标准。所以,这些古典学家认为现代政治都是由意识形态建构的,都内在地包含暴政的可能性,没有哪种政体天然地能够避免。

有个有趣的小故事,是关于提出"哥德尔不完全性定理"的著名学者哥德尔的。他从纳粹统治下的奥地利流亡到了美国,当爱因斯坦陪他去移民局申请美国国籍的时候,移民官听说哥德尔来自纳粹统治下的地方,便自豪地说:"幸好我们美国有完美的宪法,保障了我们绝不会落入法西斯政权。"哥德尔马上反驳:"恰恰相反,我发现了美国宪法的漏洞,证明了它是会导向法西斯政权的。"幸亏爱因斯坦岔开了话头,才没让哥德尔申请国籍的事情遇到麻烦。

哥德尔是逻辑学史上划时代的人物,我们可以充分信任他对美国宪法所做的逻辑梳理,就是说它确实有导向法西斯政权的潜在可能性。但为什么这没有变成现实呢?不仅美国,为什么大部分现代国家都没有堕入法西斯政权呢?

答案在于,现代国家虽然没有了来自"经"的外在标准的制约,但是在宪法之外另有制约机制,制约着宪法中的潜在危险。最重要的制约机制有两个：一个是强大的社会，一个是人们的常识感和道德本能。

先说强大的社会。美国之所以不会堕入法西斯政权，不是因为它的宪法有多完美——魏玛德国的宪法被认为是当时世界上最完美的宪法之一，但希特勒的政权正是在魏玛德国成长起来的。美国不会堕入黑暗的原因在于其强大的社会。这是个大社会小政府的国家，即便政府试图利用宪法漏洞走向极权，强大的社会也会让其妄念落空；于是也就不会有人抱这种妄念了，因为没有成功的机会。

再说人们的常识感和道德本能。现代政治的正当性是基于意识形态建构的，意识形态还会通过国民教育塑造人们对世界的理解方式，以强化其正当性。通常来说，这种教育都会有不小的效果。但要注意，所谓的"通常"有个基本前提，就是它不会严重地挑战人们的常识感和道德本能。由于社会上总是有多种多样的观念和立场，人们经常无法达成共识，难以统一行动；但是一旦哪件事情极为严重地挑战了人们的常识感和道德本能，共识瞬间就会达成，让人们形成统一的态度。

接下来就看是否有低成本的手段能够让人们的态度实现共振，涌现式地迸发。这时互联网的独特组织功能就凸显出来了，尽管它经常会让人进入信息茧房，但是当某个公共事件严重挑战人们的常识感和道德本能的时候，互联网却似乎能让人们在一瞬间进入一种集体心流的状态，从而导向一系列无组织、分布式、态度却出奇地一致的集体行动。这种集体行动表面上可能像一种大型行为艺术，但实际上它有着更加深远的意义。这种自发的集体行为艺术，我们可以在疫情中看到一些案例。

实际上，现代政治奠基于现代社会，而现代社会就是一种基于市场而演化出来的复杂社会。如果社会没有足够的活力，经济就没有活力；经济没有足够的活力，就不会有能够支撑现代政治的财政；没有财政的支持，现代政治本身也就玩不下去了。因此，现代政治必须依托于有活力的现代社会，才能够真正存续下去。

所以，我们可以在现代政治中识别出两种"僭主边界"。

一个是硬约束的边界，也就是政府与社会的辩证关系。如果政府对社会的制约过了某个边界，那也就玩不下去了；而只要政府守在边界之内，社会迟早会发育起来。

还有一个是软约束的边界，也就是前面所说的常识感和道德本能。互联网为这种软约束提供了最为强大的表达工具，让它能够在特定时刻以某种集体心流的方式，划出一个事先看不见却令几乎所有人都能直觉体会到的边界。

所以，我们可以看到，开放秩序也是一种正常的演化逻辑。任何一个政治体，只要给定足够长的时间，迟早都会演化出开放秩序，并与整体的外部开放秩序融为一体。这是政治体的一个基本生存原则，不以任何人的意志为转移。

陆地霸主为何前赴后继

既然开放秩序是一种注定的方向，回看历史，为什么又会不断有新的封闭秩序的国家来挑战开放秩序呢？我们仔细看一下就会发现一个很有意思的现象，每一个新的陆地霸主，在此之前都是一个落后国家。那么它们又是如何成为新的陆地霸主的呢？原因之一恰恰就在于，它们打造了一个封闭秩序。这很重要，因为封闭秩序虽然不利于经营全球经贸网络，却有利于对特定的人群进行动员；一旦它还能与技术跃迁相结合，这样的国家就有机会成为新的陆地霸主。而在成为霸主之后，曾经的成功经验反倒成了它的诅咒，它在巨大的制度惯性之下，难以适时摆脱封闭秩序所带来的视野局限，意识不到此时进入开放秩序是更加符合自己的国家利益的，反倒会和主导开放秩序的海洋霸主发生对抗。

比如，民族主义的政治理念追求的就是典型的封闭秩序，因为它要刻意强化本民族和其他人群的区别，甚至把自己描绘成好的，把别人描绘成坏的，以便对本民族形成动员，如此打造出来的肯定是个封闭秩序。德国之所以能够在 19 世纪后期崛起，就是因为它以民族主义为动员机制，把国家统一起来了；德国统一之后，又率先发生了第二次工业革命，于是它就一举成了新霸主。但是它的民族主义理念，随即让德国与英美发生强烈的对抗，它接连失败了两次。"二战"后德国放弃了民族主义，放弃了封闭秩序，加入了开放秩序，才让自己崛起的成果能够真正被收获。

虽然陆地霸主对海洋霸主的历次挑战都失败了，但是这个历史过程也很重要。一方面，陆地霸主对海洋霸主的反抗，会让海洋霸主本身也不断进行自我调整和改进；另一方面，陆地霸主都是大国，它们在反复失败之后，最终加入开放的海洋秩序，由于其体量规模，海洋秩序也不会是老样子了，而是会不断发生演化，也不再是由海洋霸主一家独大地来主导了。只有这样，开放的海洋秩序才能逐渐发展为属于全人类的秩序，而不仅仅是海洋霸主自家的天下。

总结一下：海洋秩序／开放秩序与陆地秩序／封闭秩序之间的对抗史，是海洋秩序不断扩展，但陆地秩序不断反抗，进而使得海洋秩序不断地朝更加开放包容的方向演化的过程。

这是我们看到的国际体系演化史不变的核心线索。要真正把握这个线索，还需要对海洋秩序的深层逻辑做进一步的分析，基于此我们才更能认清中国今天所处的地位以及可能更合适的战略方向。下一章就来谈谈这个问题。

第六章
海洋秩序的逻辑与中国的新机会

　　今天国人在讨论国际秩序的时候，常常会有一种误解，就是认为英国、法国、德国、俄国、美国的霸权逻辑都是差不多的。实际上，在这些国家中，有的秉持的是海权逻辑，有的是陆权逻辑。正是因为这个底层区别，才使得尽管近 300 年来挑战者来来去去，但世界霸主始终是拥抱海洋的盎格鲁－撒克逊国家——从英国到美国。不要觉得盎格鲁－撒克逊帝国已经老了，问一句"How old are you？"，觉得它该退场了；网上对"How old are you？"还有一个搞笑版的翻译——"怎么老是你？"我们必须弄清楚"怎么老是它们"的背后是不是还有什么别的奥秘。本章就要尝试分析一下这些深层的奥秘，也就是盎格鲁－撒克逊国家所拥抱的海洋秩序和普通法秩序。这两个秩序彼此支撑，并且构成了上一章所说的开放秩序的基础。

开放的海洋与封闭的陆地

海权和陆权在发展逻辑上有着巨大的区别，两者甚至可以说是在不同的维度上竞争。这首先是因为大海与陆地有着本质的区别。

从物理空间属性上来说，陆地可以被某个国家封闭式地占有，这块地我占了就没你的事了，就像俄国把克里米亚半岛从乌克兰手中抢过来一样；但是大海没法被占有。当然，这里说的是远离陆地的公海，靠近陆地的领海则是另外一回事——在领海范围内，你用岸炮就可以覆盖到，别人不经允许没法过来，这跟封闭式占有也差不多。在这个意义上，领海可以被视作陆地的某种延伸。在近代历史上，确定领海范围就是以岸炮射程为依据的。但岸炮的射程有限，无法覆盖公海。人们没法在公海上划界线、打界桩，所以公海没法被封闭式地占有。

不过，海洋的开放性特点也不是从一开始就被人们认识到的。最早的海洋霸主，也就是最初开始地理大发现的西班牙和葡萄牙，都曾试图把海洋封闭起来，结果两国都失败了。因为它们试图禁止其他国家在海上自由航行。要做到这一点很难，除非它们能在大海上24小时不间断地巡航，但这是根本不可能的。别人到海上去，它们大部分时候也逮不着。这个政策就只能停留在口头上，政策如果落实不了，那还不如不说，否则会让自己威信扫地。"威信"在国际政治意义上可以被理解为"威胁的可信性"；你的威胁没啥可信性，那你在国际博弈中也就玩不长了。

海洋无法被占有，这个特征最终被"国际法之父"格劳秀斯发现并且确立为一个重要原则，也就是海洋法里的"海洋自由"原则。也就是说，大海上没有主权者，公海不服从任何国家的国内法管辖，只服从自然法，因而是自由的。你在各种剧集里经常会看到一些情节，比如游轮跑到公海去开设赌场，这是因为公海不服从任何国家的国内法管辖。

海权的独霸性

海洋是自由的，陆地则可能是封闭的。但是在自由的海洋上，海权却一定是独霸的；而在封闭的陆地上，却总是多雄并立的。这么说好像很矛盾，但事实上，这和海洋没法被占领而陆地可以被占领这个基本区别是紧密相关的。

由于陆地可以被占领，占领者就可以在上面设置防御阵地，更可以借助山川险阻，建立无法被攻克的防线。这样一来，陆地上就很容易出现相持战，双方在一道防线附近来回拉锯，拉锯到一定程度，谁也耗不下去了，索性就以这道防线为界了。由于山川险阻的存在，陆地天然会被分割成很多块，相互之间要想征服的成本大到几乎无法承受，结果就是多雄并立的秩序。哪怕某个国家成为陆地霸主，也只是说它比其他国家的力量更强，有些鹤立鸡群的味道，但是鹤还是吃不掉鸡，所以它不是独霸的。我们可以看到，历史上的陆地霸主一直是这样，它只能形成一个区域性的霸权秩序。

而海洋就不一样了。公海没法被占领，上面也不可能有山川险阻，没法在海上设置防御阵地，所以就不存在相持战。一旦在公海上打起来便必定是歼灭战，失败一方的远洋力量被打残，还原为一个海岸警卫队。所以，公海上的秩序便是独霸性的，海上任何多强并立的结构都只是个过渡阶段而不会是常态，但这种过渡阶段可能预示着某种霸权转移过程。海洋上的秩序的独霸性还体现在，海洋是连为一体的，所以霸主的力量一定会覆盖所有公海海域，而不会局限在特定海域，从而也就没有海上划界而治的可能性；海洋连通全球，海洋霸主因此也天然地是全球霸主。

搞清楚了这个逻辑，我们马上又会发现一点，在战争中的大部分时间，霸主海军的主要任务不是在海上硬碰硬——硬碰硬的战斗，最多只需要一两场战役就搞定了，而是对敌人进行封锁，将敌人的船只困在家里，让它们没法出港。比如，在第一次世界大战之前，德国要建设大海军，挑战英国的海上霸主地位。德国确实能力超强，短短十几年内就发展起世界第二大海军。但是到了"一战"中，真正硬碰硬的战争只有1916年的一场日德兰海战，在此之前，德军一直不敢出港。日德兰海战是史上规模最大的一场海战，虽然从战术上看，德军的损失小于英军，但从战略上看，德军却彻底失去了与英国海军叫板的实力，从此之后再也不敢出港了，只能龟缩在港内。直至德国战败前，为了让其庞大的舰队不被英国缴获，德军只好自行将它们全部凿沉。不能出港的海军，用途还不如陆军，因为海军的建设和维护费用远大于陆军，会消耗掉相当大一部分本来可以用在陆地上的资源。

海洋是各种物资最主要的运输通道，在战争时期也是如此。霸主的海上封锁，就是对对手的综合战争能力的斩断，因为现代战争只要进入持久战，首先比拼的就是工业生产和组织能力，没有物资，这些能力就全都落空了。

"马六甲困局"与"第一岛链"

搞明白了海洋上的这些基本逻辑，再来看看网上常见的对中国海权战略的两个说法——突破"马六甲困局"和"第一岛链"困局，就会发现这实际上是两个伪命题。

所谓"马六甲困局"，是说目前中国的海上贸易航线非常依赖于马六甲海峡这个航道，一旦它被对手封锁，中国就会陷入非常危险的困境，所以只要在印度洋方向找到一个友好国家，为中国提供出海口，就能破解马六甲困局。

但问题是，海洋是连成一体的，不像陆地是由多个国家分割控制的。在陆地上，和某个国家关系不好，可以绕着它走，它就打不着你；可是在海上，中国就算能绕开马六甲，难道还绕得开波斯湾吗？绕不开波斯湾的话，绕开马六甲又有什么意义呢？反过来，对手如果能够封锁马六甲，难道就没有能力封锁友好国家所提供的港口吗？如果能够封锁这个港口，那么用它来破解马六甲困局又有什么意义呢？

我在这里完全不是说在印度洋方向找到友好国家提供港口没有意义，它当然会有意义，但并不是在破解马六甲困局这个层面上。就破解困局这个层面，它没有任何意义，因为"困局"本身就是伪命题。

所谓"第一岛链"困局，是指在西太平洋上，从日本列岛向南，中经琉球群岛、菲律宾，直到南洋群岛，形成了对东亚大陆的岛链围困；中国的海军如果不能冲出"第一岛链"，便无从维护中国的海权。

然而，只要认为海权战略的第一诉求是"冲出"，那就意味着你已经不是一种海洋视角了。如果你的目标仅仅是"冲出"，对手索性就放过你，让你"冲出"，待你"冲出"之后马上在后面关上门，你又该怎么办呢？冲出去的海军是要去封锁谁吗？以"冲出"为目标的海军和以"封锁"为目标的海军，其军队内部的配置逻辑以及国家整体战略上的综合配置逻辑，都是不一样的。以"冲出"为目标的海军很难实现"封锁"的功能；而在军事意义上，真正意义上的掌控海权是指掌控了封锁权。如果将目标设定为"冲出",那就根本不是真正的海洋视角,只能落入一直被"封锁"的命运。

照这么说,似乎中国一开始就必须志存高远,以能够封锁对手、成为真正的海洋霸主为目标。这种想法非常丰满,但是现实很骨感,就中国的地理条件来说,这种想法根本就不现实。

因为要成为海洋霸主就得有远洋舰队,这是很耗费资金的,海战对国家财政能力的要求相当高。这就造成只有岛国才能够作为海洋霸主存在,因为只有岛国才不用再供养一支庞大的陆军,国防开支基本上可以全用于海军建设;而陆地国家必须分出至少一半的国防资源用于陆军建设,尤其是当中国的周边环绕着世界上最庞大的一群陆军时,中国要跟岛国比拼海军,几乎没有成功的机会。

在国际政治意义上,美国就是个超级岛国,因为它的陆地邻国对它没有任何威胁,所以今天的海洋霸主就是美国。

海洋的贸易属性与中国的机会

我们似乎越说越悲观,中国是不是只能忍受被威胁的命运了呢?那还真不是。因为独霸的海洋霸主所建立的又必定是个自由的霸权秩序。一个"自由的霸权秩序",这听上去似乎更矛盾了。

要理解这一点就得看到,在国际秩序的意义上,海洋有双重属性，一重是它的军事属性，一重是它的贸易属性。海洋霸主的独霸性，只意味着在军事意义上垄断海洋，而不是对海洋贸易航线与海外贸易权的垄断。原因也很简单，我们前面讲到，地理大发现早期的葡萄牙和西班牙曾经也尝试在贸易上垄断海洋，但是都失败了，因为在技术上它们就不可能阻止别人到海上去；既然如此，还不如索性承认海洋在贸易上的自由属性，并且成为这种自由的支持者与捍卫者。

所以，海洋霸主通过军事垄断而实现的海洋安全，就转化成一种全球公共品，可以为所有国家共享。这相当于霸主为全球的海上贸易提供了安全通道，它的利益就在于以某种方式从这个公共品中收租。所以霸主国一方面会自己利用海洋大规模做贸易，同时也会尽力推动自由贸易的发展，以便有更多人到海上来贸易，这样它能收到的租就更多。

总结一下就是，海洋霸主在海洋的军事属性上是独霸的，但在海洋的贸易属性上又是倡导自由的。这不是因为这个霸主善良，而是因为这才是最符合它利益的生存原则。

那么，中国的机会又在哪里呢？机会就在于，在过去的历史上，海洋上的军事霸主和贸易霸主都是同一个国家，但是进入 21 世纪之后，出现了一个全新的状况，那就是海上的军事霸主和贸易霸主分离了。

美国是军事霸主，可是现在海上商品物流的最大份额在中国手里，也就是说，中国成了贸易霸主。中国能够做到这一点，跟前面几章提到的中国的超大规模性、中国在世界制造业中的枢纽地位有直接关系。当然，海洋上的基本秩序还是由军事霸主决定的，贸易霸主也要服从这个秩序；但是维持军事秩序是很费钱的，过去的军事霸主，其军事费用可以通过其贸易霸主的地位再赚回来。现在两个霸主身份分离了，整个秩序的逻辑就全变了。贸易霸主虽然仍需要服从军事霸主的秩序，但是也有了完全不一样的谈判空间。

在厘清了这一系列海洋秩序的逻辑之后，我们再来看中国的海军战略。中国当然应当发展自己的蓝海海军，但这支海军的目标不是破解"马六甲困局"或冲出"第一岛链"。如果设定了这种目标，那么这支海军反倒会成为中国的负担——它不可能成为世界海洋霸主，却又会让既有的海洋霸主充满警惕，这会白白地压缩中国的战略回旋余地，却不会带来多少战略收益，甚至带来负收益。

这支蓝海海军的战略定位应当是成为海洋秩序中的警察性力量。既然既有的海洋军事霸主会因为不再是贸易霸主而在提供海洋秩序方面遇到一些困难，那么海洋贸易霸主就应该主动参与到对既有海洋秩序的维护当中去，与军事霸主合作，共同提供海洋秩序这个全球公共品，这也符合贸易霸主的自身利益。这样的定位，不会让昔日的霸主充满警惕，而会形成一种积极的建设性合作关系。这样的合作关系同样也会给中国带来不一样的谈判空间。

贸易霸主可能谈的内容是什么呢？真正的高手谈判，不是把具体的一件事谈下来，而是建立起一套新的规范性秩序。高手所争的不是一城一地的得失，而是规则的主导权，这才是长线上的利益。就像我们讨论商业问题时会经常听人说到的：一流企业做标准，二流企业做品牌，三流企业做产品；国际秩序上的规则主导权就是标准，也是公共品。这恰恰是超大规模国家应当提供的。

摆小摊还是开商场

要解释清楚前述问题，还得解释一下超大规模国家的"国家利益"问题。

我们可以把国家利益理解成在商场里做生意，商场里面有各种各样的商家。中小商家只是在商场里租了一个铺面，其利益就在于自己这个铺面流水的增加。它们可以拼命增加自己的流水，甚至不惜以损害邻居的利益为代价。比如我是卖自行车的，隔壁是修自行车的，隔壁为了扩大业务，不惜收购了几个图钉摊位，到处撒图钉。于是修自行车的铺面流水变多了，利益扩大了。尽管卖自行车的利益受损了，但这对修自行车的来说并没有太直接的影响，因为还有那么多骑自行车的，修自行车仍然会有收益。

中小规模国家相当于商场里的中小商家，它们只有自己的铺面，所有利益都来自这个铺面流水的增加。但是超大规模国家就不一样了，它们不仅在这个商场里有一个较大的铺面，还是这个商场的大股东。作为大股东，最大的利益来源绝不是自己铺面的流水的增加，而是从所有人那儿收的租。

那么问题来了，中小商家永远没有机会成为大股东，在有两个商场竞争的情况下，它们凭什么愿意到你那儿交租呢？它们会对两个商场进行对比再做出选择。

首先，要对比一下两个商场的物业管理水平分别是怎样的，是不是里面到处都是撒图钉的。我们可以假设这两个商场都有能力整治撒图钉的流氓。那么第二个标准就是要看一下两个商场的管理规则，是用来约束包括大股东本身在内的所有商家的，还是只用来约束中小商家，中小商家的利益都要围绕大股东转的。如果是普遍约束所有商家的，那么中小商家就知道大股东的行为底线在哪里，知道自己可以期待什么；它们当然知道自己作为小商家没机会吃到肉，但确信自己能喝到汤。但如果一个商场的管理规则都是围绕大股东的利益转，那么中小商家会发现自己不仅吃不到肉，能不能喝到汤也没把握，弄不好自己还随时可能变成肉被大股东吃掉。在后一种商场里，大股东基本上是在以一种摆小摊的心态经营大商场。这种情况下，中小商家会选择哪一边就不言自明了。

历史上是否有过两种商场竞争的状况呢？其实两次世界大战都是。当时英美所主导的世界秩序，就是管理规则对所有人有普遍约束力的商场；而德国提出的方案则是围绕德国利益转的商场——如果规则对我不利，我可以随意改规则。当然德国也有它的"道理"：因为日耳曼民族是世界上"最伟大的民族"，当然要让最伟大的民族成功，这对人类作为一个种群的进化来说是"最理想的"。

但是两次世界大战都是争霸全球的战争，是不可能依靠闪击战完成的。最终能否在这种战争中获胜，不取决于你有几个军事天才，而取决于你的资源动员能力能否支撑你持续不断地耗下去，能耗到最后的人才会胜利。

对纳粹德国而言，它除了自己的资源，谁的资源也动员不起来，而英美能够动员起除了德国之外所有国家的资源。在这个意义上，这场战争究竟谁胜谁败，从刚开始打的时候就已经确定了。只不过无法确定究竟会打几年，过程当中会有怎样的波折。

我们来总结一下为什么纳粹德国的路数注定会失败。一个超大规模国家，如果以一种民族主义的方案、摆小摊的姿态和格局来面对世界，那它既无法获得其他中小国家的信任，也会真正损害自身的利益。直到"二战"之后，德国才放弃了民族主义方案。我们看到今天的德国对整个欧洲的影响力，远远大于历史上任何时候，同时不再有任何国家害怕它，不少欧洲国家还希望德国能承担更多的责任。原因就是在"二战"之后，德国终于实现了自我超越，从摆小摊的心态和格局转化成了真正的开商场的心态和格局。

看清了这个逻辑，我们也就知道了对中国最有利的国际战略。中国必须超越民族主义心态和格局，从开商场的战略格局出发，主动为已经存在但遭遇失衡的全球秩序提供公共品。也就是说，中国应当承认：在美国作为大股东所经营的这个大商场中，美国有主导性；但是中国对世界的影响力已经足够大，可以和美国坐到桌子前来谈一谈股权结构改造的事情了。这是完全可以谈的，并且这种做法会吸引大量的中小国家来支持。因为美国这个大股东在经营大商场的时候，经常会有不合规矩、说话不算话的情况，这对美国之外所有国家的利益都有损害；如果有人能成为另一个股东，对美国产生一定的制衡，以便让这个商场真正遵守其最初的承诺，那么中小国家出于自己的利益考虑，当然愿意支持。

问题又来了，美国凭什么会接受这种股权结构改造的谈判呢？这又和美国的双重属性有关了。

美国的国家性和世界性

就当今的国际政治格局而言，人们必须认可的一大前提是，美国依旧是当之无愧的世界霸主和普遍秩序的担纲者。在可预见的未来，这一点也不会发生什么实质性变化。那些所谓的美国衰落论，只是一知半解的认识而已。

而今天的美国和此前的霸主——大英帝国，都是有双重属性的。

一重属性是国家性。在这方面，它们和别的国家没有区别，都会有各种各样自利的追求，和其他国家是利益对抗的关系。

还有一重属性是世界性。它们是世界秩序的主导者，而这个秩序是超越于单个国家之上，为全世界而存在的。英美作为主导者来维护这种世界秩序，也高度符合它们的国家利益，在这个层面上，它们又和其他国家是利益交融的关系。

用一个商业上的概念来打比方，就是作为霸主的英美首先是做平台的，当然它们也会做自己的产品，但是它们最大的利益来自做平台，这种情况下就不能为了自己的产品利益而牺牲平台利益。其他国家都是产品型国家，而英美是平台型国家。

尽管作为一个整体来说，平台型政策是符合美国的长远利益的，但从内部具体的利益群体的角度来看，有可能产品型政策更符合特定群体的需求。如果这些代表具体利益的群体在特定时期对内政的影响力比较大，就有可能生成不那么符合平台逻辑的政策。用国际政治学话语来表述就是，美国的国家性可能会伤害其世界性。

一旦我们承认了美国作为霸主这个前提，并且能够区分美国的国家性和世界性，从世界秩序的健康运转来考虑问题，那么它就转化为：如何才能有效地抑制住美国国家性的那一面，防止它伤害到其世界性的那一面。怎样才能做到这一点呢？需要一个力量来制衡美国。非常重要的是，这里的制衡不是挑战美国世界性的那一面，而仅仅是制衡美国国家性的那一面。而且，这个力量越是制衡美国国家性的那一面，就越能成就美国世界性的那一面。

今天，大概只有中国有这种力量去实现这种制衡了。但中国能否恰当地运用它的这种能力呢？这取决于中国能否理解前面说的两个前提，也就是美国霸主地位的不可替代性，以及美国本身的双重属性。

如果不对美国的双重属性进行区分、而只是笼统地反美，那就会连带着反对了美国世界性的那一面。但世界性这一面并不专属于美国，而是属于世界绝大部分国家的公共品，所以反美就会把绝大部分国家都推向中国的对立面。一旦能够区分美国的双重属性，仅仅反对它的国家性，那么绝大部分国家都会成为中国的盟友。而中国越是反对美国的国家性，就越能成全它的世界性，进而就越能成全世界大多数国家的长远利益，在这种情况下，其他国家都会成为中国的盟友。

也正是因为其双重属性，美国才有了接受股权改造谈判的可能性。于是问题便转化为，中国究竟是如何认识这些问题的。如果中国未能超越民族主义的思维格局，便很难对未来的秩序逻辑有恰当的理解，"股权改造"的问题也就较难谈到点子上。

忒修斯之船的隐喻

说到这儿你可能会感觉很不过瘾，凭什么就得接受美国作为霸主呢？中国也具有双重属性，中国来当霸主，不是更好吗？

但是，在可预见的未来，中国没有能力当这个霸主。我们基于前面的讨论已经可以看出，全球霸主需要是特定意义上的岛国，没有强大的陆地邻居，才能集中精力去主导联通全世界的海洋；同时，全球霸主需要是全球金融中心，而全球性的金融中心又需要有普通法的法系作为前提；另外，全球霸主需要是创新能力的全球引领者，这又需要一系列的制度软环境；还有，全球霸主需要作为一种普遍主义理想的担纲者，才能吸引全世界的支持者。

这里说的还只是一部分必要条件。具备所有这些条件的，目前只有美国。有些条件是其他国家慢慢努力也能具备的，比如制度软环境、强大社会的发育，但有些条件是努力了也改变不了的，比如地缘处境、法律系统。只有知道自己不能干什么，才更知道自己能干什么。

中国虽然无法成为美国那样的全球霸主，却有另外一种机会。我先来讲一个古希腊的故事——忒修斯之船，大家就更容易理解中国的这个机会了。

有一艘自上游向下游航行的忒修斯之船，在航行的过程中，船上的一块木板坏了，于是水手就抽出这块木板换上一块新的。在继续向下游航行的过程中，又有一块木板坏了，于是水手就再把它抽出来换掉；一再重复后，等船航行到最下游时，所有的木板都被换过一遍了。那么问题来了，此时它还是忒修斯之船吗？如果你用换下来的那些木板再造出一艘船，这艘船是不是忒修斯之船呢？这些都说不清楚了。

切换回美国霸主这个问题上，美国主导着世界秩序，但是需要中国来不断制衡其国家性，以便成就其世界性。说起来很抽象，但这个过程不是抽象的，而是在各种国际组织、各种双边和多边条约的谈判中具体展开的。

随着这个过程的不断展开，这个世界秩序中就会渗入大量中国的色彩，它不再是美国单方面行为的产物，而是中国和美国不断互动的产物。尽管它仍然是由美国主导的，但没有中国的互动，它也绝不会是这个样子。这样一来，中国的色彩就会渗入得越来越多、越来越深，到那时，你说这个秩序是美国的，还是中国的呢？这就像忒修斯之船一样，你会发现已经说不清楚了，实际上也没必要说清楚了，因为它已经成了属于全世界的普遍秩序。

在这样一个历史过程当中，中国所拥有的力量才会真正地转化为对国际责任的担当，这会是中国对世界秩序、人类历史以及自身国家利益的最佳实践。

也许你注意到了，我刚刚提到了普通法对全球霸主地位的重要性，而英美作为世界霸主，之所以能够有前述的双重属性，也跟普通法逻辑相关。下一章我们再来仔细讨论一下普通法这个问题。

第七章

普通法与成文法

上一章谈到，盎格鲁-撒克逊传统的英美两国先后成为全球霸主，很重要的一个原因是，它们有国家性和世界性这双重属性，这与它们的普通法传统之间有着深刻关联。人们关注国际政治的时候，较少关注到法系问题，毕竟这远不如军事问题刺激。然而，军事战争毕竟是出现得相对少的非常关系，法律所维系的合作才是我们面对得更多的日常关系；而一个国家在日常关系中积累的各种能力，才是军事战争能力的基础。所以，法系给政治、经济、社会等各方面所带来的影响，是我们理解现代世界秩序非常关键的一个角度。

要说清楚普通法系对英美作为霸主的重要性，得先解释一下普通法的基本逻辑。

被发明的法律与被发现的法律

英美普通法又叫习惯法，区别于起源于欧洲大陆的成文法。中国境内除了香港属于普通法系，其他地区都属于成文法系，所以一般中国人对普通法的思维方式很陌生。普通法和成文法的深层差异在哪里呢？用一句话来简单概括：对普通法来说，法律是被发现出来的；对成文法来说，法律是被发明出来的。

成文法对法律的发明，就是通常所说的立法。立法机构以一些基于理性推导出的理念、价值为基础，依照一整套法学思维方法，制定出非常整齐划一的、具有美感的法律。德国、法国、俄国、中国、日本都是属于大陆法系的国家。

习惯法主要是案例的堆积，跟成文法比起来，就显得乱七八糟了。但是直到16、17世纪之前，欧洲大陆的法律多半也是习惯法，跟英国的普通法有差别，但差别并不大，重要的是，欧陆习惯法也都是被发现出来的。为简便起见，我后面不太严谨地把它们统称为普通法。到16、17世纪，英国和欧陆走上了分岔路。在英国以及作为其后继者的美国，法律仍然是被发现出来的，保持着普通法的状态；但是欧陆的法律就变成被发明出来的，走上了大陆法的道路。

为什么近代以前欧洲各处的法律都是被发现出来的呢？

这与近代以前欧洲的政治状态有关。当时的欧洲到处都处于封建割据的状态，国王根本管不了手下的大贵族。这和中国的周朝有些类似，天子下面有一堆诸侯，谁都不听天子的。国王们想强行做一些事，根本做不了，因为力量不够。国王和贵族之间、贵族和贵族之间，形成了很复杂的彼此互动博弈的关系。博弈的结果会获得某种法律化的表达，过去的博弈结果会构成未来人们的参照标准，逐渐就成了习惯传统。普通法就是这样在博弈中演化出来的。由于国王只是参与博弈的一方，所以，普通法中一定是"王在法下"，也就是说国王低于法律。这不是因为国王愿意遵守法律，而是因为国王没能力挑战法律，说白了，就是国王没能力挑战那些贵族。

各种博弈后来逐渐转移到了法庭上。普通法的司法过程逐渐规范化，初审、上诉等审理层级的划分也越来越清楚，法律就在司法过程中逐渐被发现出来了。

依照后来英国的普通法，在初审法院层面，诉讼双方的是非曲直是由陪审团裁定的，法官只是在陪审团认定一方有罪错之后，来具体地适用法律，判某一方应该蹲几年牢或赔多少钱。陪审团成员从初审法院的周边社区里遴选，他们对案件不做法律判断，只做事实判断，判断是非的标准不是法律，而是本地的公序良俗或社会传统。所以陪审员不一定要懂法，但他们一定得有健康的常识感，能够从本地的社会传统出发判断具体的事情。

我们可以假想一下，A、B、C三个地方出现了类似的诉讼，但是由于这几个地方离得比较远，风俗不同，所以在初审法庭上的裁决也不一样。有可能这些当事人对初审都不服，全都上诉了。

到了上诉法院这一层，会假定初审法院所做的事实判断是没问题的，它就不再做事实判断而只做法律判断，看看初审法院在法律适用上是否有问题。上诉法院完全可能裁断这些诉讼的初审都没有问题，可是这些不一样的裁决怎么会都是正确的呢？上诉法院就必须从几个诉讼中抽象出一些共同的原则，以此来解释这些看上去不一样的裁决实际上是一样的。不断上诉的案例越来越多，被提炼出的共同原则就会越来越抽象。

打个比方，一部手机和一个水杯放在一起。它们是完全不同的两个东西，但经过抽象提炼后，你就可以说它们是一样的，都是中国制造；再拿来一部韩国汽车，你仍可以说它们是一样的，都是亚洲制造；再拿来一部美国电影，你还可以说它们是一样的，都是人类制造。

普通法经过这样不断抽象提炼的过程，逐渐就只剩下程序正义了，换言之，只承诺正当程序，不再承诺实质正义，也就是不承诺善有善报，恶有恶报。因为一旦承诺实质正义，遇到的第一个问题就是，善恶的标准是什么？十里不同风，百里不同俗，应该用哪儿的标准？你凭什么用别的地方的标准来约束我？就算你不打算跟我讲理，想强迫我接受你认可的标准，我也不会乖乖就范。

这么一来，经过长期的演化，英国普通法就发展成把实质正义放在初审法院这个层面，基于地方性的公序良俗来实现；越到高等级法院,就越强调程序正义。说得夸张点,到最高法院就只剩下对正当程序的承诺了,因为只有这样才能把风俗各不相同的地方整合在统一的规则体系之下。也就是说,不强调正义内容的统一,只强调程序规则的统一。

成文法系就不一样了,它会承诺实质正义,也就是承诺善有善报,恶有恶报。善恶的标准或者说正义的内容是什么呢?它就包含在立法时所依凭的理性原则里。谁不服这个实质正义就强制他服,用强制来确保统一。

成文法在被发明出来的那一刻就定型了,之后会在司法实践中基于案例的充实而有所调整,但是调整的空间相对有限,因为法律条文是个硬约束。但普通法则没有定型的时候,随着社会演化,新的案例会不断产生,普通法的司法过程要把它们和老案例都整合在统一的规则下,法律就会不断演化。法律演化的方向是没法事先判断和预测的,但它一定跟社会演化、运动的方向相同,因为法律的演化在相当程度上是被社会演化所驱动的。

那为什么近代早期英国和欧陆走上了分岔路,英国仍然保留着普通法传统,欧陆却没有了呢?这又跟英国和欧陆的地理差异有关了。

英国是岛国,不面临任何陆地上的威胁,不需要强大的陆军,所以国王就没有办法压制贵族和各种民间自治的利益群体,只能继续和各种利益群体博弈,普通法因此得以延续。

而欧陆国家必须面对陆地上的威胁,于是就需要一支强大的陆军。在近代以前，国王没有能力组建强大的军队压制贵族，但是大航海时代的开启和远洋贸易让国王找到了资金和办法建立起强大的陆军，灭掉了国内的贵族。这样一来，过去依靠博弈形成的习惯法，在欧陆国家就保不住了，因为没人能继续约束国王了。国王就会按照自己的想法，开始全新的立法，形成"王在法上"的新局面，法律变成由立法者发明出来的成文法了。法国大革命后，大立法者由"国王"变成了"人民"，但整个法律逻辑没有发生实质变化。

也就是说，"王"究竟是"在法下"还是"在法上"，不能依赖于"王"的觉悟，它是由政府与社会之间的权力结构关系决定的，法律秩序的底层基础是政治秩序。

由这些区别可以看出，普通法国家是大社会小政府的结构；成文法国家跟它相比，多半是大政府小社会的结构。并且只有海洋国家能把普通法的秩序维系下来，大陆国家则做不到。当然，这里说的是原生性的普通法；在此之外，还有次生性的普通法。在大英帝国曾经统治过的地方，它会把普通法系统都移植过去；在殖民统治崩溃之后，法系留在了已经变成英联邦成员的前殖民地，这些地方的法律就属于次生性的普通法。它们和英美的原生性普通法在法律逻辑上是一样的，但是法律背后深层的政治逻辑是不一样的。

英格兰的扩张

说了这么多，普通法和英美的国家性和世界性的双重属性之间又是什么关系呢？我们来看看英国的扩张过程就明白了。

英国是大社会小政府，社会非常有活力。所以英国的对外扩张首先是民间行为，而不是国家行为。英国商人在海外进行贸易的时候，得适应当地的法律和习惯，这些法律和英国法律可能很不一样。但对普通法来说，它最擅长的就是在大不相同的习惯之上寻找共通的规则了。结果就是，英国商人走到哪儿，英国法律就会被带到哪儿。但这并不是要求对方接受英国法律，而是双方保留各自的法律，但为了做生意，要去找到超越于各自法律的更有普遍性的一些规则。

在这个过程中，普通法就开始呈现出两个层次。一个层次是英国人自己的法律，另一个层次是超越于各方的更有普遍性的规则，这个更高的规则也会不断演化并扩展，这样英国的法律秩序就不断扩展为世界的法律秩序。

即便到了今天，不同国家的商人之间在进行国际贸易的时候，如果各自的法律规定有冲突，双方也经常会约定采用普通法来保障合同的执行。几乎可以说，普通法体系就是规范整个海洋世界与国际经济秩序的基本法律逻辑。

大英帝国那些到海外冒险获得成功的商人，一般会更倾向于自己保护自己的海外利益，不愿让国家插手，免得受到国家掣肘或者被国家分利。但有时他们发现自己保护不了了，就会希望国家派军队来保护。出兵的事情需要英国议会通过，但议员们不会愿意让国家随便为冒险的商人去火中取栗，商人们就只好到议会四处游说。游说成功，他们的海外利益就被界定为国家利益，由国家来进行保护；游说不成功，他们在海外还是自生自灭。

军队出动的目的是什么呢？通常只是要求强制执行英国商人与对方签订的协议。这种军事目标是一种有限目标，只要对方在英国的军事打击下，同意执行当初签订的协议，英国就会停止强迫。两国之间接下来的贸易规则该是什么样，则会通过商人的活动继续演化。

大英帝国就是逐渐以这种方式扩张起来的。英国有一个历史学家叫希利，他写了一本书叫作《英格兰的扩张》。书中提出了一个很有意思的说法：英国在漫不经心中获得了一个帝国。之所以说是"漫不经心"，是因为这个帝国的成长并不是英国一开始就有一盘大棋，沿着国家战略向外推进的结果，而是民间冒险家出去冒险，成功的冒险家又和英国议会进行各种博弈的结果。

总结一下就是，英国法律跟着商人到来，军队又跟着法律到来。军队到来的主要目的是保证各种贸易规则得到执行。

说到这儿，大家也就清楚了，为什么英国以及后来的美国这两个原生性的普通法国家，能够作为平台型国家，成为世界霸主。因为平台首先就是规则，英美的扩张首先是规则的扩展，而不是领土的扩张。

问题是，为什么成文法国家就只能作为产品型国家，成为区域霸主呢？这跟不同法系之下，霸主国统治世界的成本差异相关。统治成本决定帝国的规模以及可持续性。我们对比一下英法两国的海外殖民统治手法就能看明白了。

霸主国统治世界的成本

英国在整个 19 世纪都是世界秩序毫无争议的主导者。不过，除了印度这个特例，在很长的时间里，它在海外的殖民地并不多。有一篇研究大英帝国史的著名论文，题为《自由贸易的帝国主义》[9]。这篇文章就提出，大英帝国包括正式帝国和非正式帝国两个部分。正式帝国就是英国直接统治的地方，比如印度；但规模更大的是非正式帝国，也就是加入了英国主导的世界贸易体系，但又不被英国直接统治的地方。

我们在世界历史地图上经常看到，世界各地到处都是英国殖民地，但这是 19 世纪末期的状态。在此之前，英国并没有占领太多殖民地。原因很简单。自大航海时代开始的远洋贸易，再加上工业革命，使得世界各地都被卷入全球贸易网络当中，没有哪个地方可以脱离这个系统。而对英国来说，只要能够把一个地方纳入贸易体系，就可以通过自己的主导权获得很多利益，犯不着花钱去直接统治。直到

19世纪末期，其他欧洲国家开始大规模抢占殖民地了，英国才开始主动占领殖民地，免得其他列强占了殖民地，用政治手段关闭市场。

英国对国际秩序的主导，从根本上来说是通过对规则的主导来实现的。覆盖全球的政治规则体系和贸易规则体系相互支撑，大英帝国在世界范围内的治理对象并不是具体的领土，而是普遍的规则体系。加入英国这套规则体系的国家，都会进入全球市场，让自己的经济获得更好的发展条件。如果不愿加入这套规则体系，那就没法搭上发展的快车。

英国主导的这种秩序，在原则上不会排斥其他国家的参与，所以是一种开放秩序。对规则制定权的掌握，在军事意义上，并不以对土地的占领为前提，只要控制住最重要的贸易通道——海洋——就可以。而要控制海洋相对简单，只要控制住海上航道的几个咽喉要道、占领几个据点就行，比如直布罗陀海峡、好望角、苏伊士运河、新加坡。对据点的占领和统治，与对大片殖民地的占领和统治，是大不一样的。

在18世纪乃至19世纪末期以前，除了那几个咽喉要道上的据点，英国经常在把一个地方打下来，确保当地愿意加入世界贸易体系之后，又退出这个地方。实际上，即便是在印度，仍有许多地方是通过当地土邦王公进行间接统治的。可以说，几乎整个非西方世界都处在大英帝国的非正式帝国范围当中。如此一来，英国不需要付出多少统治成本，却能收获贸易的利益。

至于正式帝国这部分，英国在统治殖民地时基本上不会去动当地原有的习惯。当地原来的统治者只要肯与英国合作，英国就仍然会利用他来统治。英国基本上也不会动当地原来的法律。假如发生了什么诉讼，在实体法的部分，除了它跟英国的理念有实质冲突的情况之外，基本上可以按当地法律来审理；而在程序法的部分，则要遵循英国的普通法。于是，像尼日利亚、印度、马来西亚等地方的传统法律，都可以被整合到帝国的普通法体系当中。打个比方，普通法是平台，土著法律是产品，而平台对多样性的产品有巨大的容纳力。如此一来，殖民地的传统社会结构、传统宗教信仰等既可以得到保留，又可以作为英国的统治抓手，统治成本就降得很低。

法国就不一样了。它是成文法系统，中央集权的立法机构依照它认为最理性、最文明的原则来制定法律，对多样性传统的容纳力比较低。再打个比方，法国的大陆法本身就是个产品，土著法律也是产品，不同产品之间会有激烈的竞争。法国看到殖民地的土著法律传统跟自己所认可的理性原则不一致，就认为那是落后愚昧的，要帮助他们进步，把那些落后愚昧的习惯给改掉。但要改变人们的习惯是最难的，人们会想凭什么我非得跟你一样？法国改造殖民地的努力引发了各种激烈反抗，它只好用暴力镇压。这样一来，法国不仅没法借助当地原有的社会结构来统治，大量的精力还被内耗掉，其统治成本肯定远远高于英国，所能统治的帝国规模也就远远小于英国。

这两种统治手法的差异还产生了另一个影响：由于英国在各个

地方都是间接统治，对当地传统社会没有什么触动，等到大英帝国瓦解、英国的力量撤退之后，其前殖民地仍然保存着基于传统社会结构的自治能力，当地的秩序比较容易重建起来。而法属殖民地的传统社会秩序被破坏得比较多，在法国撤退之后，重建秩序的难度就大很多。所以在非殖民化之后，英属前殖民地的发展多半好于法属前殖民地。

总结一下就是，在不同法系之下，霸主国统治世界的成本有很大差异，而统治成本又决定着帝国的规模以及可持续性。

国际政治中如何做到恰如其分的反应

"二战"之后，美国接替了英国世界霸主的地位。我们再来看看，英美这种普通法国家的政策生成过程和成文法国家的区别。

成文法国家一般会预设一个国家利益，它通常都是和立法时所依据的理性原则相联系的。然后在这个国家利益的基础上，审视国家内部的各种具体事务，如果这些事务和预设的国家利益冲突，就会被排除掉。

但对英美的普通法逻辑来说，因为其顶层纯属程序正义，不承诺实质的具体内容，也就没有能被事先识别出来的国家利益，从而没有什么利益会被事先排除出去。就美国来说，国家各个机构形成的重大政策都需要议会批准，于是议会就成了各种利益群体最核心的博弈平台。各种群体都会雇游说公司去议会游说，甚至其他国家以及外国利益团体也会雇美国的游说公司去游说。美国的行政部门也同样需要去游说，否则无法从议会拿到财政预算。各种利益不断博弈、对冲，最终均衡出来的结果，便被识别为当下的国家利益。随着博弈的发展，国家利益的内涵也会不断演化。

因为其他国家也会来美国议会游说，这就使得美国的政策生成过程内在地包含其他国家的政策意图，差不多只有普通法国家才能以最低成本做到这一点。美国的政策生成会充分接受外部世界的反馈，最终反映出来的，在相当程度上是全球的力量均衡。随着全球力量均衡的变迁，政策还会动态演化。如此一来，美国主导世界秩序的成本，一定大大低于成文法国家同样想要这么做时需要付出的成本。

因为这种政策生成机制对外部挑战的反应通常是成比例的，不至于出现外部世界对它的威胁是 100 个单位，它用 500 个单位或者只用 50 个单位来反击的情况。如果反击力度经常过度，这个全球帝国就长期处在超负荷状态，很难持续；如果反击力度经常不足，这个全球帝国又会长期处在威信不够的状态，也很容易溃散。

要想做出成比例的反应，政策生成机制的基础就应该是对外部挑战的反馈，但这种机制也有一个问题，就是其反应很多时候会慢半拍。

比如在"二战"之前，希特勒在国际上不断提出各种诉求，想修正凡尔赛体系对德国的束缚，而英国民众在某种程度上是认可其诉求的正当性的。因为在《凡尔赛条约》签订之后没多久，西方国家很多人就后悔了，觉得这个条约太过分了，对德国压榨太过，条约本身实在有欠公正，所以当希特勒试图挑战凡尔赛体系的时候，很多西方人都觉得他做得不无道理，也就不愿意为此与德国发生战争。

于是，时任英国首相张伯伦就跟希特勒签了《慕尼黑协定》以满足其要求。张伯伦回到英国之后，挥着那份协议走下飞机时，说自己带来了几十年的和平。后来的历史书经常嘲笑张伯伦的愚蠢，说他丧失了按住希特勒的最后机会，而丘吉尔早就看清一切，一直坚持要打击希特勒。然而实际上，张伯伦当时非常受英国人民的欢迎。因为很多英国国民也觉得希特勒的主张是有道理的，不应该为此与德国发生战争，这也就意味着，从德国输入的刺激力度相对较小，所以英国人愿意做出的反应也就不会太大。张伯伦愿意妥协，而丘吉尔一直在叫嚣要强力反对希特勒，显然在当时的情况下，张伯伦是英国人眼中更合适的领导人。

但是没过多久，英国人就发现张伯伦上当了，希特勒开始了全面战争，英国人这才明白德国的野心绝不是修正《凡尔赛条约》，而是要彻底统一欧洲。从德国方面输入的刺激力度陡然上升，于是英国反应的力度也就陡然上升，人们就把丘吉尔选上去当首相了。丘吉尔带领英国度过了至暗时刻，等到战争行将结束之际，德国方面输入刺激的力度又下降了，英国人的反应力度也随即下降，丘吉尔又被选下台了。几年之后，两大阵营之间的冷战开始了，从苏联输入的刺激力度又上升了，于是丘吉尔又被选上去了。再过几年，苏联领导人换成了赫鲁晓夫，他改变了政策，主张要跟西方和平共处、和平竞赛，刺激力度又下降了，丘吉尔就又被选下去了。

英国一直能做出恰如其分的反应，不是因为英国人聪明，而是因为英国特定的内政机制，其政策生成机制能够把各种要素都包含进来，并且成比例地应对，这种内政机制是跟普通法传统紧密相关的。其代价是普通法国家经常走后手棋，需要等到对手的刺激力度真实呈现出来，才会出台相应的政策。于是，从短期来看，普通法国家的应对经常慢半拍，被迫跟着对手走；但从长期来看，由于总是能够成比例地应对，于是综合成本就呈现为一种最具可持续性的状态。

普通法和成文法的经济效应

普通法和成文法对经济的影响也很不一样。

由于两种法系当中一系列权利设定上的差异，以及由此引出的在金融监管逻辑上的差异，在普通法地区，直接融资市场的效率远远高于间接融资市场；成文法地区则正好反过来。直接融资市场包括股市、债市、期货市场等，间接融资市场就是吸纳存款的商业银行。所以，世界上最重要的股市都在普通法地区，比如纽约、伦敦、香港、新加坡，最重要的期货市场也在普通法地区。

有些成文法地区的股市规模也很大，比如东京证券交易所、欧洲证券交易所，规模都大过香港证券交易所，但这是因为前两个股市所依托的国家/地区经济规模大，而不是因为它们有能力从全球广泛吸纳资本。普通法地区的股市则可以从全球广泛吸纳资本。所以，普通法地区的资本市场更加活跃，市场深度更大，对国际经济和国际贸易的影响力也更大。

不过两种融资机制在经济上也各有优劣。直接融资市场并不承诺本金的安全性，风险更大，相应地，收益也有可能更大。所以，普通法地区的金融市场就是冒险性更强，经济更有活力，但是因为各种金融杠杆效应，经济的波动性也会更大。间接融资市场因为接收存款，必须承诺本金的安全性，在融资过程中对风险的控制势必更严格，收益也就相应会小一些。所以，成文法地区的金融市场更加稳健，经济的波动性相对小，但是经济活力就会不如普通法地区。

两种法系的经济效应还会带来创新效率上的差异。普通法国家是大社会小政府，也就是说政府对社会的控制力相对较小，在这种情况下，各种各样新奇的脑洞都会冒出来；普通法地区的金融市场在气质上也更有冒险性，这样的地方就更适合那种不确定性较强的"从0到1"的创新。成文法国家是大政府小社会，政府对社会的控制力相对更强，政府的组织力也更强，社会上新奇的脑洞冒出来的机会就比较少；成文法地区的金融市场在气质上更具稳健性，这样的地方就更适合那种不确定性较弱的"从1到N"的创新。

"从1到N"的创新，追求的主要是大规模复制效应，有利于财富的普遍扩散；在经济上，它更多的是拉动外延型增长。"从0到1"的创新，追求的不是复制效应而是原创效应，有利于财富的巨大单点突破；在经济上，它更多的是拉动内涵型增长。

如果没有"从1到N"所带来的外延型增长，经济的发展经常会带来贫富分化，引发社会问题。如果没有"从0到1"所带来的内涵型增长，经济的发展很快会耗尽既有的势能，陷入低水平的重复，同样会引发社会问题。两种增长—创新模式对世界都有着不可替代的意义和价值，但真正具引领性的还是"从0到1"的创新，因为它是拉动经济不断形成质的提升的根本。由此我们也就看到了，美国能够成为世界创新中心的重要原因和意义。

香港对于中国的重要性

由于历史的原因，中国拥有一块实行普通法系的地方，那就是香港。它具有一种重要的二元属性。一方面，香港是中国这个成文法国家不可分割的领土；另一方面，它又和整个海洋世界分享着普通法秩序。这种二元属性使香港成为中国连接世界的枢纽，其作用在中国内部独一无二，无可替代。中国通过香港有了一个与海洋世界形成无缝连接的接口，可以通过香港来影响国际资本市场；反过来，也可以通过香港从国际资本市场汲取巨大的力量，香港是中国参与国际经济时一个重要的借力打力的支点。

不能只因为看到深圳的国内生产总值（GDP）超越了香港，就以为深圳可以取代香港。两个城市在经济意涵上有着质的差异，而量的多少在质的差异面前根本不重要。所谓"中国想让哪里成为金融中心，哪里就能成为金融中心"，基本上属于呓语。

香港的这种特殊地位，是基于其普通法逻辑的；而普通法的运转，又是基于大社会小政府的逻辑以及背后的一整套生活方式的。这些是成文法地区感到很陌生，却又必须意识到的一种质的差异。如果中国希望能够拥有香港这个接口，就需要尊重普通法的一系列法理逻辑及其所依托的生活方式。否则的话，就得承担失去这个接口的代价。

在日常的网络舆论中，我们还能感受到，国人在看待香港的时候，总还是带着一种深切的屈辱史观，香港经常被放在一种单向度的殖民史、屈辱史的视角下来理解。因此，在网络舆论中，人们很容易通过挑战英国人留在香港的普通法秩序来获得一种扫除屈辱的快感。这种网络快感要付出很多代价，如前所述；而快感所依托的屈辱史观，则值得进一步分析。

毋庸讳言，中国近代史上确实有过很多屈辱，但近代史还有着宏阔得多的面向，如果仅仅抱持屈辱史观，则这些面向都会被遮蔽掉。

一系列历史研究已经表明，在清代中期，中国由于人口过度膨胀，已经陷入一种"内卷化"困境，也就是说，劳动力过剩导致其过于便宜，从而使得中国无法内生性地出现技术跃迁，也就无法内生性地出现工业革命。过剩人口靠农业经济无法消化，但正因为人口过剩，中国又无法内生性地进入工业经济，这样就进入了一个死循环。要突破它，似乎只剩剧烈的社会动荡引发人口剧减一途了。

突破死循环的办法也是有的，就是从外部引入新技术，进而激活工业经济，推动中国历史演化至新的阶段。在当时，能够带来新技术的唯有西方，新技术伴随贸易过程而来。中国是在西方枪炮的胁迫下加入世界贸易的，其中当然有屈辱，但是我们更要看到这个过程对中国走出死循环的意义。这与任何参与方的好心或坏心都没有关系，只是一个客观的历史过程。只有恰当地理解这一点，才能恰当地理解历史，理解中国与世界的关系。

一旦中国加入世界贸易秩序，另一个更加重要的变化就会出现。过剩人口只有在封闭的经济体系中才会"内卷化"，一旦加入开放的世界经济体系，过剩人口会转化为一种竞争优势。因为加入世界经济体系，就能在全球范围内获得比较优势，所以过剩人口就意味着在劳动力成本上有着巨大的优势，也就打开了一种更宏阔的潜在可能性。

这种潜在可能性如何现实化，还是个复杂的历史过程。"革命"也成为其现实化过程中难以绕开的一步；但毫无疑问，在与西方的历史互动过程中，中国加入世界经济体系，是无论如何绕不过去的第一步。同时，中国的革命需要一系列新理念的输入，还需要一系列的资源支撑，香港和新加坡在这个过程中起到了至关重要的作用，无论是观念的输入还是革命资金的筹措，都是撬动近代中国历史的支点。从这个角度来看，这两个地方作为中国大陆地区与海洋世界的接口，其意义就远远超越于经济之上。

我们在这样一种新的视野下重新观照中国近代史，就会发现，屈辱毫无疑问是存在的，但是单向度的屈辱史观，实际上遮蔽了更加重要的历史面向，相当于用一个指头遮蔽了另外九个指头。这样的遮蔽使得我们无法恰当地理解中国与世界的关系，也会严重地扭曲中国的国家目标的表达，以至于让复仇成为目标。这是近年来网络上各种"战狼"式情绪的根本来源。

"战狼"式情绪对外会表达为强烈的民族主义情绪，这会让世界对中国充满疑虑。疫情期间网上曾经流传着一个"战狼"式视频，一个年轻人用待出口的口罩擦脚。这种视频传播到海外，其负面效应大过多少次正面努力所带来的效应。其他国家不知道中国会如何使用自己的强大力量，不敢相信中国对国际责任的承诺，中国的各种努力因此无法获得国际的信任，乃至被恶意解读。层层恶性循环展开，各国在信任关系上陷入了"塔西佗陷阱"。

这一章的前面部分谈到了日常状态的法律和非常状态的战争，这些都是理解国际秩序至关重要的侧面。下一章我们再来讨论一下，"二战"后直到今天，战争逻辑所发生的深刻变化，从中还能进一步解读出美国力量的源头。

第八章
美国力量的源头

前面几章对开放的海洋与封闭的陆地、普通法与成文法等各种秩序逻辑的讨论，最终都回避不了一个最硬核的问题：战争才是确定秩序的终极手段。美国作为当今的世界霸主，这个位子究竟能否坐下去，与其军事能力也有着密不可分的关系。

今天我们在网络上经常可以听到唱衰美国的声音，其中包括对美国军事能力的唱衰。无论我们对美国的军事能力是唱衰还是叫好，都必须先弄明白该怎么分析这个问题，否则就是盲目乐观或悲观。军事能力中包含两个部分：一个是战争的意志，一个是战争的能力。我们就分别从这两个角度来分析一下美国。

清教精神的核心——信仰的无条件性

要理解美国的意志，首先得理解作为美国立国精神的清教精神。回顾历史我们会发现，美国在日常时期经常表现得很松散，但在非常时期会爆发出惊人的力量。两种看似矛盾的表现，其奥秘都在清教精神当中。这里所说的不是已经快被人说滥了的清教伦理的经济精神，而是清教伦理的政治精神；无论是清教的哪一种精神，其精神根基都是信仰的绝对无条件性。这个根基是生活在非一神教传统中的中国人难以理解的，但不理解它就没法真正理解美国。

不过我还是得先岔开话题，简单说一下清教是怎么来的。从中世纪一直到16世纪初，整个西欧都是天主教的世界，但是时不时会有被教会判作异端的宗教反抗者。反抗者都被镇压了，直到1517年第一个成功的反抗者马丁·路德，开启了宗教改革，才有了今天流行于北欧的路德宗。1536年，加尔文把改革更推进了一步，才有了今天统领北美精神秩序的加尔文宗（或曰清教）。

清教有着强烈的犹太创世论伦理品性。在清教看来，尽管天主教也脱胎于犹太教，继承了创世论观念，但其中杂糅了太多异教的内容，创世论品性已不纯粹，从而背离了上帝；清教则要回归更纯粹的犹太创世论伦理。这种创世论最难为生活在非一神教传统中的中国人所理解的核心在于，创世是"无中生有"，也就是说，上帝创世并不像女娲用泥巴捏人或者盘古劈开混沌那样，依托于预先存在的材料，而后者的所谓创造只不过是改变材料的属性；上帝创世时什么都不依靠，只依凭自己的意志。上帝说"要有光！"，于是光就出现了，不需要依赖任何材料或条件，完全是从"无"当中创造出"万有"。女娲或盘古则是改变"有"的形态，在创世论看来，这个不叫创世，而叫手工。

"无中生有"的上帝，是全能、全知、全善的。因为一切都依凭上帝的意志，不受制于任何材料或者条件，它当然"全能"；因为一切都来自上帝的创造，它当然"全知"；因为没有任何东西能独立于上帝之外，自然也就没有可以用来评判上帝的道德标准，相反上帝的意志才是一切的判准，是"善"的来源，它当然也是"全善"的。而女娲、盘古就不是全知、全能、全善的，他们创造时需要依靠一些预先存在的材料和条件，他们控制不了这些材料和条件，反倒要受其约束。

作为非信徒，我们未必会接受创世论的这种理念，但是必须搞明白那些接受这种理念的信徒是如何想问题的，才能知道如何去理解他们的行为。

信徒会如何思考问题呢？很简单，因为上帝是全能、全知、全善的，所以信仰必须是无条件的。如果你认为信仰还要有个条件，不满足那个条件你就不信仰上帝，那你信的根本就不是上帝，而是那个条件，然而，根本就没有什么独立于上帝之外的所谓"条件"。

信仰的无条件性达到什么程度呢？一个最极端的例子体现在

《圣经·旧约·约伯记》当中。上帝纯粹为了跟魔鬼打赌,就放任魔鬼把信仰虔诚、为人善良的约伯蹂躏得死去活来,约伯一度对上帝发怒、抱怨,但被上帝痛斥之后马上悔改,从此更加虔诚地信奉上帝。在非一神教信徒看来,约伯好人没好报,无辜被玩弄却还要被强迫虔诚信奉,这样的上帝简直太邪恶了,怎么可以信仰?

但是在一神教信徒看来,这才证明了信仰的无条件性。一个人信仰上帝并不是因为信仰上帝有好处,而是因为信仰上帝是对的。为什么信仰上帝是对的呢?因为上帝是一切意义的来源。如果没有好处你就不信上帝,那只不过证明你信仰的根本就不是上帝,而是那个好处。如果追求好人一定要有好报,那就是背弃上帝而追逐"好报"(好处)。如果你说自己并不是追求好处而是追求正义,"好人没好报"是违背正义的,那就意味着你认为还有独立于上帝之外的道德标准,连上帝都不能违背这些标准;但一神教信徒认为这种标准是根本不存在的,一切都是上帝创造的,上帝是全知、全能、全善的,它想做什么,什么就是善的。倘若你要上帝符合你内心确信的条件才肯信仰上帝,那也意味着你根本就背弃上帝了,因为你否认它的全知、全能、全善。所以,如果要追求正义,那么唯一的途径就是无条件地信仰上帝。

维特根斯坦的惊人之语

我们还可以通过20世纪最伟大的哲学家之一、犹太人维特根斯坦的一句惊人之语，来进一步了解这种精神结构。它也更能让你体会到，这种精神结构对中国人来说是多么陌生。

"二战"后，奥斯威辛集中营屠杀犹太人的罪行被揭露出来，好多人都在质疑，在奥斯威辛之后，是否仍然可能信仰上帝。犹太人自称是上帝的选民，可你们在集中营里都那么悲惨了，上帝为什么还不施以援手呢？明天你们就要进焚尸炉了，今天上帝仍然不管你们，这一刻上帝在哪儿？这样的上帝还值得信仰吗？

维特根斯坦说，越是在这种情况下，就必须像约伯一样，越发虔诚地信神，明知道马上就要进焚尸炉了，你对神无比虔诚的信仰却依旧没有丝毫动摇，这才是正确的做法。

这种说法对非一神教信徒来说简直匪夷所思，这也太阿Q了吧？但这恰恰反映了犹太教创世论的底层精神结构。

如果明天就要死了，上帝却不来救你，于是今天你就不信了，那你信神是为了什么？答案是，你信神只是为了活命这个最大的好处，如果没有，你就不信了。那此时你信的究竟是神，还是你从神那儿得到的好处呢？如果你是因为有好处才信神，那就意味着你的内心实际上是被外在物质所决定的；从哲学意义上讲，你这个人就跟动物没有什么本质区别。

如果你选择信神,是因为这是对的,而不是因为这样做能给你带来好处,这才意味着你已经在真正意义上证明了,你的心灵不再被任何外部世界的物质条件所决定,而可以按照自己内在的信念自主抉择,所以你的心灵是真正自由的。

你以这种极致的方式,真正证明了你的精神是自由的,灵魂是自由的。在这种情况下,你信的东西别人接不接受,是另一个问题。但是你的这种道德抉择,证明了人的内心、人的灵魂是可能自由的,可以不被物质所决定,从而证明了人之为人的伟大性,体现出人跟动物的根本性区别。

如果你明天要进焚尸炉了,今天你就不信了,那么希特勒杀你,在绝对意义上,他不是没道理的。因为希特勒杀犹太人的理由就是,犹太人是一群唯利是图的小人,他们把社会给搞坏了。如果你因为上帝没来救你就不信了,那你的确是唯利是图的小人。

但如果希特勒明天就把你杀掉,你今天还能照旧虔诚信神的时候,你的信仰就不是有条件的,而是无条件的。此时希特勒杀的就不再是犹太人了,而是一群真正证明了人性之伟大、人之所以为人的,内心高尚且灵魂上永远无法被毁灭的人。在一神教信徒看来,在这个意义上你已经获得救赎了,因为这样无条件相信神的强大内心,不是个人靠自己就能够获得的,要靠神的恩典才能获得。神要救赎的就是你的精神,而不是你的肉体。

正因为你的信仰是无条件的,你能够像约伯那样坚持下去,你的内心才是不被物质所决定的，是真正自由的。在这种情况下，希特勒杀犹太人这件事便无条件地成了反人类罪，否则他就是反犹太人罪。

通过你的死，你真正证明了人之为人的伟大性、人之为人的高尚性，你的灵魂获得了升华，于是犹太人的死就不再是一种生物性的死亡，它开始被圣化为牺牲；牺牲才构成人类可宝贵的东西，它是真正能够引领人走向更高的精神世界的路标。

这个故事虽然是关于犹太人、犹太教的，但是坚持信仰的无条件性和内心决不妥协的精神结构，在最原初的基督教中也是一样的，也是后来的清教徒所追求和信仰的。

说到这里，我们就能清晰地看到，对国人来说，这是一种多么难以理解的观念。但这恰恰是美国的立国精神所在，也是要真正理解美国就必须先理解的一种观念。

清教伦理下的个人主义政治原则

我们在创世论伦理和非创世论伦理之间做个对比就会发现，创世论伦理相信上帝是全知、全能、全善的，所以没有什么是上帝克服不了的，上帝不需要任何中介，直接决定每一个人的命运，个人除了上帝的意志不受制于任何东西；非创世论伦理则认为，有一些东西是无论什么力量都克服不了的，甚至连神都要服从它，这些东西就构成了人们必须服从、无从摆脱的命运。在基督教的几大教派中，清教对创世论伦理的坚持是最为纯粹的，在它看来，天主教已经背离了这种创世论伦理，背离了上帝。

对非创世论伦理来说，既然在个人之上还有一种个人无法摆脱的命运，那么个人的最高德行就在于对命运的顺应、对自我欲望的克服。天主教在千余年的历史演化过程中，有些非创世论的要素融入进来，比如它主张"因功称义"，也就是努力行善就能获得救赎，这就相当于主张有一种连上帝都必须服从的道德原则——"好人应当有好报"。这些道德原则是基于传统的，而寄托在民族文化中的传统，又被转化为个人应当顺服的命运；在近代世界，它们又在政治实践中被进一步表达为民族主义。出身于特定的民族是个人无法选择的命运，而他应当认同源自传统的民族；忠于民族的事业，是一种至高的德行。

清教则在纯粹创世论背景下否定命运—传统对人的束缚，强调上帝与人的约法。十诫当中第一诫为："我是耶和华你的上帝，曾将你从埃及地为奴之家领出来。除了我之外，你不可有别的神。"如若承认个人必须接受命运—传统，无异于承认在上帝之外另有一个神，这是不可接受的。所以，清教徒的政治抉择是拒绝命运—传统的束缚，在与上帝之约的基础上自我立法、自我治理。对他们而言，政治的基础是上帝赋予个体的道德责任，也就是自由意志（前面维特根斯坦的惊人之语以极端的方式说明了自由意志的内涵），拥有自由意志的人应当自主决断、自我负责，而绝不应顺服什么命运—传统预先给定的框架。

简单来说，在非创世论背景下，既定的命运是主宰，个体要顺从命运；在纯粹的创世论背景下，全知、全能、全善的上帝才是主宰，它赋予个体以自由意志，个体要去主宰、创造自己的命运。

于是，清教伦理下的政治一定是个人主义的，而非集体主义的。这种个人主义不承认"民族""国家"之类的东西会决定一个人的价值，个人的价值只能来自上帝对个人的直接赋予，个人是独立地对上帝负责、对自己负责的。这种个体性的道德责任不指向任何特定的族群或文明，只指向上帝，它会表达为一种可以超越任何疆界、任何人群的普遍价值。

这与民族主义的国家观和道德观形成了鲜明的对比。民族主义认为世界是由一个个独立的、不可被还原的国际法实体（国家）组成的，每个国家都以其自己的命运——传统或曰民族为认同的基础，个体要从属于国家、民族；清教政治伦理则将世界作为一个无差别的整体来看待，个体才是权利的基础，国家则是个体聚合在一起，用来为每一个个体服务的工具。

逃离旧大陆去往北美新大陆的清教徒，在其登陆之前签订的《五月花号公约》便深刻浸透着清教政治伦理的表达。清教徒结成的政治秩序也会形成其传统，但该传统不是实体性的民族精神之生长，而是会表达为一种抽象的法律秩序之延续，这是对犹太教—清教约法传统的继承。

清教精神是美国政治的深层精神结构，其内在的普遍价值对国界的穿透性，是美利坚对所有个体吸引力的奥秘所在。正因如此，自由女神像基座上的诗句：

"旧世界，留着你过去的壮丽恢宏！"
她沉默的双唇喊：
"给我，你那疲惫、困顿、
渴求自由呼吸的芸芸众生，
你那挤满海岸的可怜贱民！
把他们，把那些无家可归、颠沛流离者送来，
我在这金色的门边举灯相迎！"

才会如此地撼人心魄。也正因如此，美国价值观会成为美国所定义的核心国家利益之一。基于民族主义的德意志帝国依托于特定的日耳曼文明，形成了一种事实上的自我局限，无法精神性地跨越国界，否则"德将不德"，这是其最终无法与盎格鲁－撒克逊帝国对抗的精神性原因。

美国的两面——日常时期的松散与非常时期的力量

对美国人来说，其立国精神便是清教精神，美国社会的中坚力量会把本国视作一个清教共同体。

清教徒相信自己是上帝所拣选救赎的人，世间是充满邪恶的，所以自己所属的清教徒共同体（也就是美利坚合众国）在这个世界上便有着特殊的使命，要把对神的服从、对公义的光大作为自己的责任。

然而，负有特殊使命的是清教徒共同体，也就是这个国家，而不是政府，政府只是这个共同体选出来为自己服务的。人皆有原罪，即便是上帝已经拣选的清教徒也无法摆脱欲望的诱惑，所以政府本身也是人们要警惕的对象；但是清教徒共同体要履行面对世界的使命时，政府是必要的工具。

也就是说，对清教徒而言，政府是一种必要的建制，而且它可能是恶的；但它应该是善的，因为清教徒共同体本身肩负的使命是善的。清教徒的这种立国精神，使得美国的国民有着强烈的国家道义感，而这种道义感又可以与对本国政府的高度不信任相结合。这种看似矛盾的现象，只有在清教政治伦理的基础上才能够获得深刻理解。

因为对本国政府高度不信任，所以美国联邦政府获得的授权有限，在很多事情上都被束缚住了手脚，不能去做，于是从外观上来看，美国就很松散。不过，人们日常要面对的大部分事情靠地方的自组织机制就能搞定。但美国的地方自治高度发达，一方面，这来源于《五月花号公约》所留下来的清教自治精神以及英国的普通法传统；另一方面，这又得益于美国优越的地缘环境，它不需要面临任何陆地上的强敌，不需要强大的陆军，于是中央政府没有能力集权以压制社会。这就让绝大部分小事都在地方自治层面被搞定，没有机会发酵上升为不得不"集中力量"应对的"大事"。

有一些似乎是"大事"的事情，比如建设横跨东西的大铁路、铺设密集的高速公路网络、开发石油，实际上在美国也不是靠集中力量完成的，而是靠民间资本完成的，在市场的驱动下，效率非常高。今天，效率之所以看上去不那么高了，是因为已经没有那么多要做的了。而市场一旦真出现要做的，民间资本也会很快把"大事"搞起来，比如页岩气的开发。

还有一些事情看上去是"大事"，实际上对不同群体的利益的影响可能非常不一样——有受益的，也有受损的，不同群体彼此之间的制约就会让这些"大事"也办不成。

疫情期间我曾和一位生活在美国的朋友讨论到这一点，他有一个非常有趣的评价："美国是一个无法被从上到下动员起来的国家，这个国家很难被惹急。但一旦它被惹急了，九头牛都拉不回来，被动员起来的力量惊人，全民都是自发的，要捍卫自由。"他说到的"很难被惹急"，并不是因为美国人脾气好，而是因为各种"大事"有的被地方自治消化掉了，有的被市场消化掉了，还有的在各种群体的相互制约中弥散掉了，国民很难整体性地被动员起来。从外部看上去，就是"很难被惹急"。

然而，一旦触及美国人共识的底线，"大事"就出现了，整个清教共同体就会很快被动员起来，也就是被"被惹急"了，"九头牛都拉不回来"了，进入了非常状态。此时清教共同体对世界的特殊使命感被激活，全民自发动员起来，其效率根本不是"集中力量办大事"所能比拟的。两者的区别在于，前者是"我要做"，后者是"要我做"。前者是不惜代价地自发集体行动起来，捍卫自己最珍视的价值，这是一种集体心流的状态；后者是被组织整合起来，需要精细复杂的监督与控制机制，很多资源会被消耗在这些方面。

在偷袭珍珠港之前，日本人就小看了美国，认为这是一个大大咧咧、马马虎虎、贪生怕死、不能办大事的国家。尤其是美国面对在欧洲和亚洲这两个战场已经打了几年的战争时始终保持中立、态度暧昧，更让日本看不起。所以日本就决意冒险偷袭珍珠港，灭掉美国的太平洋舰队，想一举成为太平洋霸主。

没想到，在偷袭之前，美国人还处在"很难被惹急"的状态，可偷袭事件一下就把美国人惹急了，他们瞬间被自下而上地动员起来，凝聚成一个整体，迸发出可怕的力量，能办的事之大，远非日本人所能想象。

1941年年底，珍珠港被偷袭，美国在这一年的坦克产量是4052辆，到1943年，产量近3万辆。美国参加"二战"的4年时间里，共生产了8万辆坦克、1400万辆汽车、30万架各类飞机，建成航母131艘、战列舰10艘、巡洋舰48艘、驱逐舰355艘、护卫舰498艘、潜艇203艘、登陆艇64500艘；而同时期的日本共生产坦克5000辆，建成航母17艘、战列舰2艘、巡洋舰6艘、驱逐舰63艘、潜艇126艘。虽然日本在前期占尽了优势，但当美国"被惹急"了开动战争机器后，日本便以可怕的速度快速失去其优势。美国在"二战"中的巅峰时期，每周就能有1艘新航母下水。

在欧洲战场上，德国虎式坦克每击毁 1 辆谢尔曼坦克，就有 4 辆谢尔曼走下生产线并被装船运往欧洲战场。这种生产力是当时世界上所有国家加起来都比不上的。

今天的美国看似不以制造业见长了，看似不再拥有那种力量，那些辉煌也已成明日黄花，但要知道，那是因为今天仍然是日常状态，美国人还没有"被惹急"。美国一旦"被惹急"，进入非常状态，将近 80 年前的历史不是不可能重现。

在和那位朋友讨论的时候，我回复道："美国人被惹急了之后就是全民心流，碾压性力量席卷而来，《圣经》里有个说法叫'万军之耶和华'，差不多就是这个感觉，这是清教的政治效应。"

写下这条消息的时候，我眼前浮现出 5 年前在日本的一座博物馆里看到的一幅画。那并非什么名画，而是我在一个日本历史展览中碰到的一幅关于"二战"的画。它画的是惊涛怒号的大洋中，美军战舰劈波斩浪而来。战舰在愤怒的大海上疾驶，整个世界都笼罩在一种铺天盖地的力量感当中。画面让我想起了《圣经·旧约》中上帝的雷霆之怒。

毫无疑问，"被惹急"的美国人用两颗原子弹的雷霆万钧之力，让日本人真正地理解了什么是美国人的"大事"，理解了美国的力量所在。

核武器对战争的重新定义

核武器诞生于"二战"末期，这是人类武器史上一次质的变化，它是一种终结了核大国间的战争的武器。这背后有一个很有趣的逻辑。

我们都知道一个经典论述："战争是政治的延续"，也就是说，战争是一种手段，它从属于政治目标。但是核战争却会喧宾夺主，把政治目标给取消掉了。

核大国间的战争有两种可能性。一种是不追求彻底灭掉对方，只追求有限目标，而追求有限目标所使用的必须是破坏力可控的有限武力，以便为政治谈判留下空间。要使战争作为政治谈判的筹码，其前提是，我拥有强大的力量，你也清楚地知道我有这种强大的力量，而我究竟会如何使用这种力量，取决于你会在谈判桌上如何让步。核武器的破坏力是不可控的，这就意味着无法根据谈判桌上较量的情况，来成比例地使用武力。在这种情况下，战争就取消政治了，战争也就变得没有意义。

另一种可能性是追求彻底灭掉对方。这就要求一方必须能够通过一次闪电攻击彻底歼灭对方，否则只要对方还有能力进行核报复，自己便无法承受。各个核大国都迅速发现了这个逻辑，于是就形成了核武器上的军备竞赛，核大国都要确保自己在遭受攻击后仍然有毁灭性的二次打击能力。在这种情况下，战争已经不光是取消政治，而是彻底取消生存，战争也就变得更加没有意义。

既然核大战取消了战争的意义，那如果核大国之间只进行常规战争又会如何呢？也不行。常规战争中会有吃亏的一方，谁也无法担保吃亏的一方不会在各种内外压力之下杀红了眼，把常规战争上升到核战争。一旦上升到核战争，那之前的常规战争所追求的各种政治目标也就都泡汤了，常规战争也就变得没有意义了。

所以，核武器因其超强的破坏力，反而终结了核大国间的战争。这也是为什么中印两国在边界地带发生冲突时，居然是用冷兵器进行的。初看上去这种打法很匪夷所思，细想一下就知道，这是两个核大国之间的一种默契。

细看历史，我们也会发现，在核武器出现之后，基本上都是没有核武器的小国之间发生常规战争。那大国都在干什么呢？很简单，操纵小国作为其代理人，替自己在某些热点地区打仗。最起码就冷战期间而言，我们看到的结果是如此。大国不能进行热战了，为了能够拉拢小国到自己这一边，便在观念领域展开了激烈的争斗。争斗的核心命题是，人类的前途命运到底在何方。它们通过这种观念争斗打造自己的阵营，拉拢更多的小国，让它们站在自己这一方。

我们暂且把小国的事情放在一边，先来看看核大国。对核大国来说，核武器不是拿来用的，是拿来看的，有了它就有了谈判筹码。但是使用这个谈判筹码的关键就在于，核大国只能威胁说要使用它，但不应该真的使用它。一旦真的使用，筹码反倒没有价值了。

基辛格对核威慑战略的研究堪称经典。他提出了（核）威慑所必备的三要素：实力、使用实力的决心，以及对手能够意识到你的实力和决心。这三点缺一不可。

我们来分析一下就知道，在核武器时代，大国间不应有核战争，只应有核战略。战略的基本逻辑是，威胁说要使用核武器，并且要确保大规模报复的有效性，同时让对方明确认知到这一点，这样威慑的有效性就达成了，剩下的就是外交谈判的事情。在这个意义上，核武器的储备只要"够用"就行了。"够用"的标准是，确保自己在遭受对手的一次核攻击之后，仍然拥有做出大规模报复的能力。

基辛格对此也提出过两个基本原则，以遏制对手先发制人的攻击：（1）避免采取易于被别人误解为突然袭击的前奏的措施，不管这些措施的原本意图为何；（2）自己一方的报复力量必须得到周密的保护，对方即使感觉到被威胁，也不能通过先下手攻击使自己的地位得到很大的改善。[10]

超出"够用"的量的核武器，则没有太多拥有的必要，因为核武器的保养费用是非常高的，完全没必要在足够让对方死一次的情况下，持续花大钱以确保对方能死十次。但是反过来问一下，是不是索性废除所有核武器，人类就会更好、更太平了呢？不是这样的。因为只要废除了核武器，大国之间的常规战争就会重新成为可能，人类并不会更太平，反倒会有更多的硝烟。而即便真的废除了核武器，也无法废除人类生产核武器的知识，常规战争中随时可能会有一方重新生产核武器，人类就会重新进入核时代。

我在"信息茧房时代"那一章提到过，国家学说的奠基人霍布斯提出，普遍的恐惧也会成为建立共识和秩序的起点。跟常规武器相比，核武器给人类带来了更加深刻而普遍的恐惧，但是这反而能通向一种意料之外的秩序。

越战与创新

现代战争使用的都是热兵器，热兵器的生产是基于工业能力的，所以现代战争在本质上是工业能力之争。通过前面对珍珠港事件之后日美两国战争能力的对比，我们可以清晰地看出工业能力上的差距所带来的战争能力上的差距。

核武器重新定义了战争，冷战期间美苏两国没有真刀真枪地打起来，而是进行了大规模军备竞赛。双方比拼的也是工业能力，两国的工业能力都很强，初看上去似乎难分胜负，甚至苏联由于能够集中力量办大事，一度还领先于美国。然而，大规模军备竞赛是非常烧钱的，对国力有着巨大的消耗，所以分胜负的关键在于谁烧得起，甚至是谁能一边烧钱一边造钱。这里所说的"造钱"，不是指增发货币等做法，而是指将在军备竞赛过程中发展出的新技术转化为民用，从而刺激经济发展的能力。

一旦要比拼这种"造钱"能力，美国的优势就凸显出来了。苏联

"集中力量办大事"，要求将整个国民经济都高度计划起来，以便把优势资源都投放到军事工业上。美国则是自由市场经济，技术形成民用转化的效率更高。再加上我在前面谈到过的《拜杜法案》所带来的效应，美国的技术转化效率以及经济发展的能力就更是高于苏联。所以，最终美国获胜了。

除此之外，我们还可以看到美国社会在军备竞赛期间的一个特殊的创新逻辑，这又与前述的清教精神有关。这个逻辑还可以与一个可能的质疑关联起来。我前面谈到过美国"被惹急"后会迸发出巨大的力量，有人可能会质疑，越战时美国难道没被惹急吗？但是它被打得灰头土脸，那会儿美国的力量在哪儿呢？

我对这个质疑的回答很简单，美国的力量在于美国人作为一个共同体／国家的力量，而不是美国政府的力量。政府和这个共同体的精神走向并不总是一致的。当两者不一致的时候，比如越战期间，也就是我们看到美国（政府）在外面灰头土脸的时候。这种不一致却会激发共同体／国家精神的自我更新，所以，美国在越战之后迎来了一轮更加耀眼的创新和发展。到了20世纪90年代中期，越南与美国的关系也正常化了。

说到这里，我还得简单地说一下美国为何会打越战。美国在冷战时期提出过"多米诺骨牌"理论，认为东南亚地区就像一排多米诺骨牌，越南是其中的第一张，一旦越南这张骨牌倒下去，被共产主义阵营所征服，那么后续就会有一系列国家像骨牌一样跟着倒下去。因此，为了防止"多米诺骨牌"效应，美国就必须按住越南这第一张骨牌。

越战刚刚打响的时候，美国的普通民众大都非常支持政府在越南的所作所为，因为民众都接受了"多米诺骨牌"理论，相信如果越南保不住，那么整个东南亚就保不住，作为自由世界的盟主，美国有义务为自由世界守住最后的屏障。

但那时正赶上信息传播技术出现重大进步，彩色电视出现了。随着前线传回的各种战地信息的增多，美国民众可以看到翠绿欲滴的热带雨林被燃烧弹烧成白地，可以看到那张越战中最为著名的照片——燃烧弹烧光了小女孩的衣服，赤身裸体的小女孩在街上惊慌无助地跑，还可以看到北越的支持者被南越的警察当众枪决，等等。种种彩色影像都对美国民众的心理构成了巨大的冲击。

美国民众本来觉得，支持政府到越南打仗的初衷是保护自由主义世界的秩序，是让北越人民也能够享有所有人都应该享有的人权。但他们在现实中所看到的，却是北越人民在为战争付出巨大的代价，这违背了美国政府最初的承诺。美国民众得知南越统治者的腐败时更加愤怒，觉得南越政权看上去还不如北越呢，这样的盟友不要也罢。但是美国政府却坚称如此腐败糟糕的南越政权是自由主义阵营的重要堡垒。

各种让人恼火的事情加在一起，美国民众就开始质疑发动越南战争的正当性了。可是美国政府方面在越南战争中越陷越深，为了将战争继续下去，便开始找各种各样的理由和借口。这反过来引起了美国民众更大的愤怒，因为在他们看来，支持越南战争的理由是，美国作为自由世界的灯塔，应该肩负起捍卫世界人权的责任；但如果政府居然以撒谎的方式来掩盖其错误，此时他们就要问一下：这个国家是否还配得上做自由世界的灯塔？如果配不上，那首先得重整美国内部，让其配得上这个伟大身份，然后才有资格去安顿外部世界。

在这一系列观念的背后，我们能看到美国民众对本国政府的不信任，以及对本国的世界责任的体认。大众的这种信念和前文提到的美国的清教精神之间是有共振的。

所以，这个时候，美国民间就开启了大规模的反战运动，反战运动刚好和同一时间发生的另一个重要社会运动又发生了共振，这就是美国南方的黑人民权运动。从法理上说，100年前的南北战争已经为美国南方的黑人争取到了平等的权利。但是随后南方又通过一系列技术性的条款，使得黑人在事实上无法行使与白人平等的公民权利。南方的黑人对此感觉非常屈辱，2018年上映的美国电影《绿皮书》讲的就是这种种族不平等的状态。

美国南方的黑人在20世纪60年代掀起了大规模的民权运动，要争取跟白人平等的权利。民权运动反对的对象就是美国当局，反战运动要反抗的对象也是美国当局，这两股运动于是就合流了。当时不仅仅是美国，大部分西方国家内部也爆发了一系列反政府的示威、游行，甚至暴力的对抗行动。这一系列对抗行动被后人称作1968年的

"五月风暴"。

五月风暴中，西方民众反对的是建制化的制度，而建制化制度的总代表就是美国政府。对第三世界来说，他们要反抗一个不公正的资本主义秩序，资本主义秩序的总代表也是美国。所有这些又跟美国国内的反战运动和黑人民权运动合流，形成了巨大的共振效应，在美国乃至整个西方都引发了一系列影响非常深远的反体制行为。

所谓反体制行为，简单地讲，就是凡事都跟官方反着来。官方或者主流认为不应该怎么做，就偏要怎么做。比如，主流思想认为应该在性关系上保持洁身自好，那么很多年轻人就偏要同性恋，偏要滥交。比如主流思想认为吸毒是件坏事，认为摇滚乐使人玩物丧志，那么社会中的一部分人就偏要天天嗑药，夜夜搞硬核摇滚。以至于到最后，美国社会出现了一句著名的口号，叫"要做爱，不要作战"。跟体制对抗，就意味着你一定要摆脱体制强加给你的那种规范化的思维方式，你必须跟常规反着来。所有这些对体制的剧烈反抗，给美国社会带来了对现实秩序的普遍反思。

由此产生了一个重要的意外结果：这些反体制的行为带来了大量的脑洞，全新的脑洞则给美国社会带来了巨大的创新效应。这种效应影响极为深远，以至于今天我们可以看到的一系列最伟大的美国公司，比如英特尔、惠普、微软、苹果，都是在那个时代成立的。

所以，如果仅仅从一个短时段来观察，你会觉得那几年美国社会似乎已经被折腾得奄奄一息，西方已经日薄西山了。但是如果把那个时代放在更长的时间段上回看，你就会发现，那正是美国在经历剧烈阵痛，也在孕育涅槃重生的一个时代，它反倒给美国带来了连美国人自己都始料未及的创新效应。

这样我们就看到，第三世界的兴起与美国的内政，进而与世界秩序的整体性重构之间，有着深刻的关联。第三世界的反抗运动，很奇妙地在美国激起了伟大的创新，于是美国不仅在政治上实现了涅槃，也在技术上迎来了又一轮革命。从技术的演化来看，第二次工业革命的技术红利被吃尽之后，就该进入新一轮的技术革命了。技术革命是很难在计划经济下出现的，更容易在市场经济下出现，但市场经济下的创新也需要一些环境的刺激。第三世界的革命大潮在美国激发了强大的反体制运动，也很意外地激发出大量脑洞，从而刺激了创新。第三世界以一种特定的方式，参与到了美国的重构当中，参与到了一种新的技术革命当中，整个世界秩序因此进入一个全新的演化逻辑。

空天战与战争行为的警察化

在美国的那一系列创新中，有一项源自国防项目的技术，就是美国国防部于1969年组建的阿帕网。这项技术在转为民用后就是我们今天的互联网，对今天的世界产生了至为深远的影响。

广义的互联网技术又进一步重新定义了战争。战争逻辑新的变迁可以归纳为两点：国际层面上战争行为的警察化，以及国内层面上警察行为的战争化。这使得过去我们所熟悉的战争逻辑，以及一系列用来规范战争、秩序的法律逻辑都遭遇了极为深刻的挑战。

在解释清楚这一系列挑战之前，得先简单定义一下战争行为和警察行为。战争行为和警察行为首先都是暴力行为，暴力实际上是政治秩序得以成立的一大基础；战争行为和警察行为的差别在于，如果人们使用暴力时是在执行人们有共识的规则，那就是警察行为；如果没有共识，那就是战争行为。

国际层面上战争行为的警察化，跟今天的一系列高科技所带来的超精准打击技术相关。

遍布太空的卫星网络所提供的全面侦察技术和精确制导技术，人工智能对敌人的精确识别能力，还有基于无人机所形成的精确侦察和打击能力——这些都是从广义的互联网技术中发展出来的。它们都不是孤立存在的，而是作为一个系统，打造了一种全新的战争技术。

这种技术变迁带来了两种意义上的零伤亡率。一方面，己方军人的战场死亡率，原则上来说可以降低到零。己方的人可能只要在万里之外的后方基地，像打游戏一样盯着电脑屏幕中的战场实况，点击鼠标操纵无人机，就足以完成上司部署的所有侦察和打击任务。另一方面，对敌方平民的误伤率，原则上来说也可以降低到零，精确打击技术甚至可以精准到打击具体的个人,这是一种近乎绝对意义上的斩首战术。

由此就带来战争逻辑的巨大变化。我们以 2003 年的伊拉克战争为例,很多国家都会批评美国在战争中的霸权行为,除了说它提出的伊拉克拥有大规模杀伤性武器的开战理由不靠谱,还有一个在某种程度上更重要的批评——美国未经联合国授权便随意入侵一个主权国家。对后一种指责,美国是有一套自洽的逻辑为自己辩护的。美国会说,这场战争的敌人并不是伊拉克,而是萨达姆。伊拉克人民也应当享有跟世界其他地方的人民一样的权利,这是大家都公认的原则;但是伊拉克人民的这些权利都被萨达姆剥夺了,美国作为自由世界的盟主,就有义务替伊拉克人民消灭萨达姆,解伊拉克人民于倒悬。因此,打掉萨达姆就是打掉了一个违规的坏人。

这样一来,尽管从国际法的意义上讲,美国发动伊拉克战争属于两个主权国家之间的战争行为;但从美国那套自洽的辩护逻辑来说,美国的根本目的是执行大家公认的规则,替大家除掉破坏规则的坏人,这属于警察行为。

但警察行为有一个基本要求,原则上来说,除了打击目标罪犯之外,警察不可以伤及无辜。而在 2003 年的技术条件下,美军是不可能实现零误伤的。你要去帮助的平民却正因为你的战争行为而受到很大的伤害,这样美国用来自我辩护的理由就变得苍白了。

但随着我刚才所说的这一系列空天战技术的出现,对无辜平民的误伤率真的可能降低为零。一旦达到零误伤率,类似的战争再发生时，真的就有可能变成警察行为了。这对过去的国际法会构成一系列巨大的挑战，至少有如下三点：

第一，战争法的法理前提消失了。国际法脱胎于商人法和战争法，后两者在不断演化的过程中衍生出了我们所熟知的国际法。国际法的一个基本前提是，战争法只适用于主权国家之间的对决。而一旦战争行为警察化，国家主权的法理边界被彻底跨越，战争法的法理前提就消失了。接下来，国际法必将经历深刻变迁，这是个不可逆转的大势。

第二，战争的意义感会被抽离掉。过去人们经常会通过电影、文学等各种形式来歌颂战争，这不是因为人们喜欢杀戮，而是因为战争能够给人带来深刻的意义感，唤起人们的共鸣。战争中的英雄、无私精神和勇敢的行为能够触动人的深层情感，会升华人对正义的感知，强化人对自己所属共同体的认同。任何一个共同体秩序的成立都必须具备一个基本前提，就是它得承诺某种意义。只有当战争通过这种意义感获得了正当性，它才能够导向战后秩序的建立。如果战争无法带来意义感，那么战后的秩序重建工作就会丧失伦理基础。但空天战技术恰恰可能抽离战争的意义感，虽然不是在绝对意义上抽离，但在相对的意义上是会有这种效果的。

因为意义感不仅仅是英雄的英勇行为给人内心带来的冲击和震撼，也包含人对他人，甚至是敌人的生命价值的感受。你会对敌方战士的英勇行为心生敬意，觉得他们背后的人群配得上战后的良善秩序。只有这样，战争才能导向战后社会秩序的建立，而不是让社会堕入无序。

但是空天战技术使战争变得像电子游戏一样，它降低了人们对战争的参与感，也抽离了战争的意义感。我们在科幻电影中会看到这样的场景，一个人坐在美国某个空军基地的办公室里，拿鼠标操纵着无人机，手指一点，一颗导弹就发射出去了，下面的人就没命了，这是他上班时间的日常。等到五点，打卡下班，这位老兄把电脑一关，开车回家、买菜、带孩子，第二天早上九点再来上班，继续点击鼠标。在这种战争模式下，这个人对他人的生命的感受就变得很干瘪，战场的血肉横飞给心灵带来的冲击和震撼，一定要身临其境才能体验到。可是空天战技术让人没法体会到这些，那么战争又如何能够真正地导向人们对意义和价值的承诺，从而为未来的秩序提供根基呢？

第三，战争逻辑的变迁对美国的国内政治也构成了巨大的挑战。在空天战技术的背景下，美国和其他一些中小国家在战争能力方面的差距，几乎会演化为三体人和地球人之间的差距，美国的对手毫无还手之力。美国要对中小国家发动这种战争的话，最多只需要考虑成本问题，而无须考虑战争风险。在这种情况下，对立方的中小国家的内部秩序可能会变成怎样，其领导人能够存活与否，或许将不再由这个国家自己决定了。如果战争的规模很小，几乎就是由美国政府高层的几个人开会决定；如果规模比较大，需要美国国会介入讨论，它也仍然属于美国的内政问题。如果美国的内政秩序可以决定其他国家的内政,那么对外部世界而言,人类该如何防止美国滥用这种超能力?对美国内部而言,它又要如何防止对超能力的滥用行为败坏美国的精神?过强的战争能力会让一个政治体自我腐蚀,这在历史上曾多次上演。比如,古罗马的战争能力碾压整个地中海地区,这给古罗马带来了源源不断的财富,但古罗马公民的战斗精神——这是支撑罗马的基础品质——却在这个过程中被败坏了。

再来看空天战的状况,美国在拥有对外战争中的降维打击能力之后,就出现了三个问题。其一,如何确保美国负责任地运用其力量,否则未来任何秩序的建立都将因为美国对其力量的滥用而变得不可能。其二,美国要想能够负责任地使用其力量,最重要的是其内部得有一种足够好的权力制衡关系,而且制衡的各方还要考虑国际责任问题,这便给美国内政提出了更高的要求。其三,如何防止美国巨大的外部力量反噬自身。如果美国败坏了,前两个问题也都会走向最坏的结果了。

说到这里,我们就可以看出,全新的战争技术不仅会给国际法带来挑战,也会给很多国家,尤其是美国的国内法、国内政治带来严峻的挑战。这种战争能力在根本意义上穿透了主权国家的国界,进一步模糊了外交和内政的边界。在这个意义上,外交问题就成了美国的内政问题;同样,美国的内政问题也在相当程度上成了外交问题。

恐怖主义与警察行为的战争化

说完了国际层面上的战争行为警察化，再来看看国内层面上的警察行为战争化。这种变化在某种意义上就是被战争行为的警察化刺激出来的。战争行为警察化，是霸主国家以高维来打击低维；而警察行为战争化，背后则是恐怖分子以低维来反制高维，两种都是不对称战争。

警察行为战争化的出现与反恐战争相关。比如，西方国家在大力打击伊斯兰国，但打击力度再大，也无法做到赶尽杀绝。因为伊斯兰国的很多成员都是从西方国家跑过来的，在伊斯兰国崩溃之后，余下的很多人又会想办法回到西方，这就让恐怖分子成为西方社会内部的不定时炸弹了。这些恐怖分子要做的不是杀人放火之类的作奸犯科之事，而是颠覆西方各国所珍视的宪法秩序和现代社会，所以，他们对各国来说都是绝对意义上的敌人。但这种绝对意义上的敌人并不是以国家实体的形式呈现的，而是一些零散的个人。各国就只能以宪法框架内的警察行为来对付他们。

就内政法律层面而言，各国政府对付这些人只能通过警察行为。但对付这些人不是在维护一般意义上的法律，而是在维护整个现代秩序本身，所以从政治哲学意义上来说，这又是一种战争行为。

这就又带来一个巨大的矛盾：战争行为是可以暂时终止一系列人身保护权的，但警察行为却无法终止人身保护权，正好相反，从原则上来说，警察行为的目标正是要执行人身保护。宪法的一大特征在于，它要无差别地保护所有人的平等权利，一个人只要还没有被定罪，并且不会带来即刻而现实的危险，警察就不能终止对他的权利的保护，换句话说，就是不能随意侵犯任何人的人权。可警察要保护的人当中却有一些是以颠覆宪法秩序为目的的，这就给法律带来了巨大的挑战。法律该如何识别这些人，并在此基础上对其进行合法有效的打击？警察行为此时就有了深刻的战争意涵，两种行为的边界开始模糊了。

我在第一章里谈到了关于风险社会的话题。与发达的现代社会相对应的是一套环环相扣的现代分工体系，这个社会越发达、越复杂，它也就越脆弱、风险越大，因为只要现代分工体系中的任何一环受到致命伤害，整个体系都可能因此崩溃。比如，如果你炸毁了电力系统中几个有关键节点意义的发电厂，或者破坏了几个关键的信息存储器，那么整个社会便有可能因此完全瘫痪。类似的例子很多，在风险社会中，单个人也能给整个社会造成巨大的破坏。因此，潜入西方社会内部的恐怖分子个体，能够在特定意义上发动一场实实在在的战争，相对应的警察行为当然就有了战争属性。

战争行为警察化对国际法和国内法的双重挑战，以及警察行为战争化给法理学带来的挑战，都是我们今天必须认真回应的问题。然而，在各种政治正确的话语逻辑之下，这方面的回应很不足，这就进一步增加了现代社会的内置风险。

在所有这些问题当中，我们都可以看到一个越来越引人注目的趋势：国界在以各种方式被穿透，大量的事实告诉我们，"民族国家"不再是我们理解问题的最恰当单位了。互联网技术则是这种趋势背后最重要的技术推动力，实际上，本书第一部分讨论的问题，也多半是由互联网对既有秩序的挑战引发的。

回顾人类历史，我们会发现，人类秩序的每一次重大演化，都和那个时代的核心技术的推动有关，新秩序的出现也与该技术有着深刻的关联。这就不由得让人想道：很可能我们对未来的可能秩序的想象，必须基于互联网技术来展开。

本书的第三部分将进入这个话题，我们将尝试围绕着未来的可能秩序和当下各种难解的问题寻找一些可能的突破口。

/第三部分/

未来：

信息技术时代的人类秩序

第九章
信息技术时代的工业革命

20世纪70年代互联网的出现，推动着各领域的信息技术迅速发展。今天人们津津乐道的各种技术，诸如AR（增强现实）、VR（虚拟现实）、AI（人工智能）、云计算、大数据、区块链，都是信息技术的各种形态，它们深刻地改造了人类社会，并将继续以深刻的方式改变既有的产业逻辑。回顾一下工业革命以来的经济史有助于我们更好地理解这一点。[11]

在现代工业经济中，产业秩序是环环相扣的——在此，我姑且用近代史以来的几次工业革命来指代产业秩序。每一次工业革命的核心产业在起始之际都能获得超额利润，随着技术不断扩散，利润率会下降到平均水平。但是，这个产业会成为下一次工业革命核心产业的基础设施或者前提。比如，第三次工业革命的核心产业电子技术产业，其生产能力就是以第二次工业革命的核心产业重化工业为前提的；第四次工业革命的核心产业信息技术产业，其生产能力是以第三次工业革命的核心产业电子技术产业为前提的。

基于这种历史逻辑，我可以对第四章提到的"中低端制造业向中国的转移具有终局性"的假说，以及由此衍生出的世界经贸秩序的"全球双循环"结构假说[12]做进一步的发展，形成"进阶版"的假说。但要强调一下，下文讨论的产业基本上还是中低端意义上的，高端部分仍然是由西方世界主导的。虽然从质的角度来说，高端制造业占据了一些无法替代的核心环节，但从量上来说，中低端制造业显然占据了制造业当中的绝大部分，从吸纳就业的能力来说也是如此。

四次工业革命的核心产业

我们按照几次工业革命的核心产业出现的先后顺序来讨论。第一次工业革命的核心产业是纺织工业。人们通常说蒸汽机的使用带来了工业革命，但蒸汽机只是一种新的动力来源，本身并不构成巨大规模的产业，以蒸汽动力驱动的纺织业才真的形成了大规模的产业，并对传统社会形成了极为深刻的改造。纺织工业至今仍然是后发国家走上工业化道路时，通常会选择的第一步。但纺织工业属于轻工业，它并不构成其他工业部门进行生产所依赖的基础设施，所以下面的讨论更多以第二次工业革命为基础，我们对第一次工业革命不做太多讨论了。

第二次工业革命的核心产业是重化工业，这是现代工业经济的基础设施，它提供了现代工业经济所必需的原材料生产能力和机器生产能力。然而，对后发国家来说，依照市场经济的逻辑，重化工业并不是一种很好的投资。一种产业在它作为创新产业刚刚出现的时候，会有很好的利润空间。但是在它出现了几十年之后，随着技术的扩散，效益会跌到平均利润率的水平，这是创新经济的常态。重化工业是19世纪后期德国、美国率先发起的第二次工业革命的产物，利润率早就落回平均水平；同时它还是资本密集型产业，投资规模巨大，回收周期较长。由于这一系列产业特征，对本就资本匮乏的后发国家来说，发展重化工业就不是其在市场环境中的比较优势所在。另外，相对于其资本规模，重化工业吸纳就业的能力较低。而后发国家通常都处于劳动力过剩的状态，这样一来，对它们来说，发展重化工业就进一步不符合市场逻辑，因为重化工业的各种产业特征与后发国家的比较优势都是不匹配的。

但国家需要关注的并不仅仅是经济问题，还有国家安全问题。如果一个国家的安全环境不是太好，它就有可能选择不顾市场规律，由国家来主导和推动重化工业的发展。然而，这种推动方式通常会造成国民福利受损，在极端情况下甚至会扭曲、败坏这个国家的社会。因此，需要用一些制度安排来消化掉这些问题，否则国家就会被卷入糟糕的状况中，最终要么崩溃，要么被迫经历痛苦的涅槃才能重生。日本、韩国作为后发国家，都是靠国家强行扶持财阀将重化工业发展起来的，之后就出现了一系列问题，又经历了痛苦的重生过程才终于走上正轨。中国则是通过扶持国企将重化工业发展起来的，在这个过程中对国民福利也产生了一些影响。

即便国家想强行扶持和发展重化工业，如果市场规模不够，这种努力也仍难成功。因为重化工业需要巨额投资，因此其产业效率对市场规模非常敏感。把所有这些条件都纳入考虑之后，我们可以大致有把握地说，在可预见的未来，这个产业是终局于中国的。

第三次工业革命的核心产业是电子技术产业，其生产过程以重化工业为基础设施。这样一种产业依赖性，加上第四章中所谈到的供应链网络的问题，就使得中国在电子技术产业上同样具有巨大优势。但这并不排除其中有些生产环节，尤其是那些对供应链依赖度相对较低、人工成本占比较高的环节，会向其他国家，尤其是东南亚国家转移的可能性。并不是每一个国家都需要有完整的产业结构，一个国家完全可以通过国际贸易与其他国家形成协作关系，借助其他国家的产业秩序作为支撑，发展本国有比较优势的产业。中国与东南亚国家之间很可能就是这种关系——中国制造业向东南亚的转移，在很大意义上都是一种溢出，而不是转走。

至于第四次工业革命的核心产业——信息技术产业，它还在发展中，其核心动力是创新。这一轮创新是由两条腿支撑的：一条腿是技术创新，它依赖的首先是足够自由的经济生态环境和法律生态环境，美国在这方面有明显的优势；另一条腿是商业模式创新，它依赖的首先是足够大的市场规模，中国在这方面有一定的优势。

一方面，与前几次工业革命的技术相比，信息技术的应用彻底摆脱了空间的限制，完全跨越国界，进而对传统的国际法权秩序带来了深刻挑战。自第一次工业革命以来的历史告诉我们，在这种情况下，一定是法律、制度、企业组织形态和社会组织逻辑等发生演化，以适应技术和经济的演化；尝试用政治或法律手段去逆转技术的演化逻辑是无法成功的，那样反倒会让转型过程充满更大的不确定性，而政治和法律最终也只能不情不愿地跟上转型的步伐。

另一方面，信息技术的运行仍然对物理硬件有依赖，需要重化工业和电子技术产业所提供的硬件制造能力。当今已经进入过剩经济的时代。在短缺经济的时代，供给方决定着市场的逻辑；而在过剩经济的时代，需求方决定着市场的逻辑。最终端的需求方是市场上的消费者，哪个产业离这个终端需求方越近，就越能够规定其他产业的逻辑。毫无疑问，现在是信息技术产业离终端需求方最近——这也是工业革命史中的一个常态，最新出现的技术所催生的产业，通常都塑造着市场的需求。所以，重化工业和电子技术产业也会随着信息技术的演化，开始改变自己的企业组织形式，并且这两个产业本身也在不断地朝互联网转型。

"全球双循环"结构的进阶版

具体观察中国经济中这几次产业革命的发展逻辑,我们会发现,依托国家主导的力量发展起来的重化工业,作为工业经济的基础设施,很可能不是效率导向的,而应是特定意义上的公共服务导向的。电子技术产业和信息技术产业则主要是靠市场的力量,依托民营经济发展起来的。尤其是信息技术产业,它的高速迭代反向拉动了电子技术产业的重构,电子技术产业本身也会高速迭代,这就要求这两个产业领域的企业都必须有足够高的经营效率和灵活性。而这一点,唯有在市场竞争中拼杀出来的民营企业才能做到。当然,这里的讨论都是框架性分析,不排除有特定的产业不在这个解释框架里的情况。比如,电信运营商在很大程度上会受到国家意志的影响,因为它的核心资源——通信频段,并不完全由市场来分配。

综上所述,中国的"枢纽"地位和世界经贸秩序的"全球双循环"结构(详见第四章)的进阶版就是一种多层级结构。

就第二次工业革命的重化工产业而言,由于其对国家意志和市场规模很敏感,中国大致能占据枢纽地位。

就第三次工业革命的电子技术产业而言,有一些产业环节(而不是整个产业)会从中国转移到东南亚。在这个意义上,中国与东南亚加在一起占据枢纽地位。但中国在其中有较强的主导性,这根植于中国供应链网络的规模,以及中国在重化工产业上的优势。

就第四次工业革命的信息技术产业而言,虽然它是由美国主导的,但中国在其中具有一定的影响力。一方面是因为,中国的超大市场规模能带来商业模式创新上的优势。在近几年的全球十大互联网公司中,基本上都是6家美国公司,4家中国公司,这就可以说明问题。另一方面是因为,中国在信息技术产业的硬件制造环节上具备优势。但中国的优势都处在从属性地位:信息技术产业的最核心技术——无论是硬件还是软件——还是被掌握在美国公司手里;信息技术会推动国际法权秩序发生一系列变迁,进而倒逼国内法权秩序、企业和社会组织形态发生一系列变迁,而美国在法权规则制定方面有很强的优势。

这种多层级的"全球双循环"结构可以用下图呈现出来。不过要

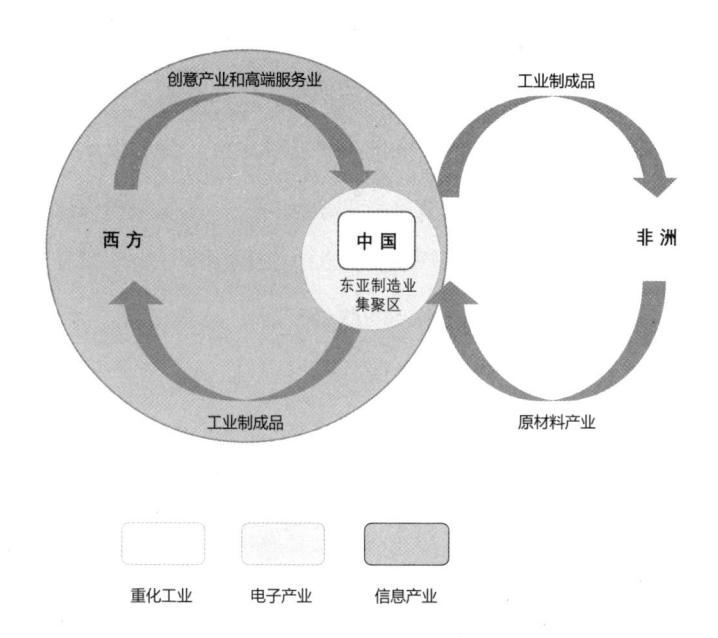

强调的是，这只是把第四章中所说的"全球双层循环"结构中的下层——实体经济循环——细化为一个复合结构，该复合结构仍然从属于美国资本秩序所主导的"全球双层循环"。

基于中国（及东南亚）的"枢纽"地位，以及全球经贸秩序的"全球双循环"结构这两个假说，我们还可以识别出两种类型的全球双循环。一种与政策无关，纯粹是由中国基于市场过程而形成的一系列比较优势带来的，我们姑且称之为"全球双循环 A"；另一种是由于政策干预——人为改变特定的要素价格，令中国形成相对于其他国家的不对称竞争优势——而形成的全球双循环结构，我们姑且称之为"全球双循环 B"。

全球双循环 A 源于市场过程，在相当程度上，它依赖于中国民间的动能，这是中国真正的比较优势所在，也是改革全球经济治理秩序时需要顺应的。内外政治层面的各种不确定性，会对全球双循环 A 有所扰动，导致它出现某些变形，但随着技术、公司和制造业等逻辑的演化，民间社会的经济秩序演化路径和主权国家经济-贸易政策所构想的路径就会走上越来越不同的两个方向。

再来看全球双循环 B。一旦政策干预被撤销，全球双循环 B 是有可能坍缩的，所以贸易摩擦有可能改变它。从另一角度来看，如果全球双循环 B 真的坍缩，会有助于恢复被扭曲的要素价格，对中国的国民福利是有好处的。在对全球双循环做出两种类型的区分后，我们有必要重新审视贸易摩擦及其影响。基于这一系列分析，我们又可以从新的角度来观察中国的各种经济政策。

从全球角度来看，中国是少有的同时拥有四次工业革命的产业的国家。仔细研读工业革命以来的经济史会发现，不同梯次的产业依从不同的经济逻辑和组织逻辑。这几次工业革命的历史过程差不多都是，生产技术和组织技术都发生了重大变革，生产技术上的革命找到了恰当的经济组织形态，从而得以规模化地展开。非常粗略地说，第一次工业革命依托的是蒸汽机技术和工厂化组织技术，第二次工业革命依托的是重化工业技术和大财阀组织技术，第三次工业革命依托的是电子技术和跨国公司组织技术，第四次工业革命依托的是信息技术和分布式组织技术。

这样一来，我们就可以得出一个结论，那就是，对中国经济及其与世界经济关系的理解，必须分层次、分位阶展开。进一步来说，中国经济所需要的政策也要分层次、分位阶制定，不能笼统划一。

然而，中国很微妙地处在一种政策惯性的风险中。中国较为成功地依凭国家意志推动了重化工业的发展，这种成功经验会形成一种政策惯性，让国家本能地以为，要发展第三次和第四次工业革命的产业，通过沿袭之前的产业政策就可以获得成功。但这无疑陷入了一个盲区，忽视了不同产业秩序有不同的政策需求。

尤其是第四次工业革命的信息技术产业，它对主权国家有着强大的穿透力。要想有效回应这种技术对政治、社会等各方面提出的挑战，我们很可能需要一种新的去国家化的分布式组织技术。重化工业时代的政策逻辑和组织逻辑，是根本无法匹配信息技术时代的需求的。但这并不代表中国只需要实行与信息技术产业相匹配的政策就足够了，这种理解陷入了另一个盲区。中国需要的很可能是有更多层次、更具复合性的政策。但这种政策的形成，要基于对不同梯次产业逻辑的恰切理解。

在这种多层次、复合性的政策中，针对第二次、第三次工业革命产业的政策，更多应该是守成性的。原因在于，这些产业构成了第四次工业革命产业的基础设施，中国在这些产业领域已经是当仁不让的世界工厂了；这些产业目前多半已落回到只有平均利润率的水平，虽然它们能够带来正常的经济回报、提供很多就业岗位，但我们不能期待它们带来太多额外的东西。因此，守成性的政策更加合适，政府在这些领域应当扮演守夜人的角色。如果政府在这些领域施行过度进取的政策，大概率会造成资源的低效率使用，导致国民福利受到损失。

而针对第四次工业革命产业的政策则应该是更富创造性的。这种创造性很可能表现为：政府退居幕后，民间力量更多地站到台前。因为第四次工业革命需要的分布式组织技术具体会是什么样子，现在没人能够说清楚。但我们知道的是，政府更擅长集中式组织技术，而分布式组织的演化天然地适合以民间力量为主。而且我们在这个问题上还可以对跨国的民间力量抱有更多期待，因为信息技术对国界具有穿透性，新的秩序及新的法权原则的演化和生成，需要具有跨国视野的民间力量的参与。

信息时代，中美两国各擅胜场

前面我们提到，信息技术产业会反向规定重化工业和电子技术产业的各种组织和市场逻辑，而在信息技术产业上，中美两国是最重要的玩家，但是两国各擅胜场。

先说信息技术所需的硬件层面。中国在中低端制造领域拥有优势地位，美国则在最核心的高端制造领域——主要是芯片方面——拥有优势地位。芯片本身不是终端产品，用户无法直接使用芯片，它必须通过中低端制造业被组装为终端产品后才能真正进入消费市场，中美在这个层面上相互依赖。

但是对信息技术产业而言，硬件只是其物理载体，更重要的资源是数据。理论上来说，基于人们在各种活动中产生的各种数据，信息技术会对各种社会活动做精准匹配，大幅提升社会的运转效率；这一过程也会深刻地改变社会结构，改变社会的基本运行逻辑和需求结构。而在数据层面上，同样可以看到中美两国各擅胜场。

赤裸的数据本身是没有价值的，它需要通过各种算法被提炼出意义；但算法本身只是一套抽象规则，它又需要通过足够多的数据获得训练，从而不断得到优化。中美两国的不同优势就分别在数据和算法这两方面体现出来了。

先说算法。实际上，算法的根本是基础数学，美国在这方面的优势非常明显，无论是在基础数学教育领域，还是相关的人才数量领域。基础数学的研究能力，依赖于一个国家的学术共同体的长期积累，这不是靠简单的砸钱就能大干快上解决的。要想让人耐得住寂寞，做这种基础研究层面的长时期积累，又依赖于国家整体的科研评价体系的宽松度、国家在科研层面与国际上交往的开放度，以及能够吸引全球顶级人才的自由环境。这是个系统工程，也就是说，算法能力的提升，并不仅仅是靠多设几个项目或多投几个公司就能解决的。这个问题应了一句古话："汝果欲学诗，功夫在诗外。"一系列看上去与算法无关的制度设计，却是在信息技术时代能否占据算法优势的基础。

再说数据，这方面中国当然有着绝对优势。据牛津大学一位研究员发布的研究报告《解密中国人工智能之梦》[13]显示：2016 年，中国拥有全世界 20% 的数据，而美国的数据量只占全世界的 5.5%。中国的数据量大有几方面的原因。首先，是中国的人口基数大，毕竟中国人口就约占全球的 20%。其次，我在第二章里提到过，由于中国的超大规模性，一系列特定的商业模式只有在中国才能出现，这就在中国形成了更多的技术应用场景，进一步放大了所能形成的数据规模。最后，中国在隐私保护方面的政策比较宽松，在各种应用场景中被提取的数据的规模和内容又被进一步放大。

中国公司所运用的算法虽然未必足够高超，但是因为有了足够多的数据，却可以获得更多的训练，这算是"一力降十会"的路数。中国因此在数据层面也有自己的特殊优势。但是这种优势背后却隐含着一种劣势：由于中国的互联网公司的国际化程度还很有限，所以中国的大公司掌握的数据以本土数据为主，不像美国公司，比如谷歌、亚马逊、脸书，拥有全球性的数据。这就让中国的算法获得的训练样态相对单一；而对信息技术来说，多样性本身就是一种红利。从长远来看，数据样态的单一性可能会抵消中国目前因"一力降十会"而获得的特定类型的优势；而由于其基础研究的扎实以及数据来源的多样性，美国在算法上的优势则会被放大。要想克服数据样态单一带来的劣势，中国就必须加大开放力度，促使本国的互联网公司进行更深入的国际化。

结合上述讨论，到了这里，我们就可以给出一个基本判断。中国在重化工业和电子技术产业上都有某种意义上的垄断性优势，但是在信息技术产业上则并无此优势，而是与美国各擅胜场，倘若没有更大的开放力度，中国未来还有可能会局部丧失已有的"胜场"。信息技术产业是今天离终端消费者最近的产业，它会反向塑造自己的基础设施——电子技术产业，反向塑造作用还会进一步传导到重化工业上。

所以，中国既不能也不应因为自己在重化工业和电子技术产业上的优势而沾沾自喜，甚至威胁着要把自己的生产供应链"政治化"。中国的工业经济当然对世界有着举足轻重的作用，但它与世界有着相互依赖、相互制衡的关系。在某种意义上，中国工业的走向是由信息技术产业引导的，它是在中美这两座大山的互动所挤压出的峡谷中，辨识出自己的走向的。

"中美两座大山"这种比喻会让人首先联想到中美两国的国家政策，但我们观察信息技术产业时要看到的不仅仅是国家。各种数据、算法都是在各种公司里发展起来的。相关领域的公司才是信息技术产业的真正主角。它们的各种活动深刻地穿透了国界，它们虽然不是传统意义上的国际法人主体，却很可能会改造国际秩序的很多基本逻辑。

我们想寻找新秩序的基础，就需要从公司的角度入手，从公司与数据的关系角度入手，这里面很可能潜藏着未来秩序的基础。

第十章
字节跳动们的路标

我在上一章提到，在过剩经济的时代，信息技术产业可能会重塑需求，进而反向重塑供给，并重塑各种传统产业。

在最近几年出现的一系列新的应用和商业模式中，这些变化已经表现出来了。比如，过去你要开个餐馆，最关键的可能是选个好地址，雇上几个好厨子，设计一些好菜品；但是在今天，要想把餐馆经营好，接入美团 APP 差不多是第一要务。接入与没接入之间的流水可能有数量级的差别。尤其是在疫情期间，如果没有线上业务，餐馆基本上就活不下去了。而一旦进行了线上转型，餐馆经营的一系列逻辑也就都变了。再比如，电商的出现已经让商业地产遭遇了巨大困境。薇娅、李佳琦这样的直播达人的出现，又带来了零售业的巨大转型。直播达人一个人一年直播带货的总量就是几十亿元，相当于一个超大规模的商场一年的量；薇娅甚至还直播卖出了价值4000万元的火箭发射服务。他们掌握了流量，也就掌握并重塑了需求的结构。很多生产厂家也就不用再去和商场打交道，只要和薇娅、李佳琦这样的带货主播打交道就行了。

这一系列新的应用和商业模式的出现，又以运营商从3G升级到4G之后的高带宽催生的移动互联网为前提，还以移动客户端，也就是智能手机的普及为前提。智能手机的价值又基于苹果和谷歌这两大操作系统以及各种APP。所有这些都重新定义了一系列行业，重新定义了需求，进而重新定义了供给结构，还可能重新定义生产的逻辑。

定义需求的前提是离用户近，在今天就是离用户的各种行为近，可以通过各种算法来掌握用户的行为习惯，从而定制化地推送产品，乃至定制化地培养用户的消费习惯。在背后驱动这一切的核心资源，就是数据。

可以说，数据就相当于信息经济时代的石油。石油是传统经济的核心动力源，数据则是信息经济的核心动力源。传统经济的石油，主要埋藏在中东、中亚等地。信息经济的石油则埋藏在全世界所有网民身上，他们的一举一动都在产生数据；同时也埋藏在连接到网络上的各种行为活动中，无论这种活动是来自公司还是政府，是来自一台机器还是一头奶牛。随着5G时代即将到来，以及IPv6的普遍部署，物联网可能会大规模铺开，一定还会出现各种在今天的想象之外的应用场景和商业模式，也会产生各种今天根本想不到的数据样态。*

信息经济时代，"个人权利"的再定义

在这个过程中，有一个重要问题会浮出水面：随着各种数据被开采，个人权利可能会经历一个深刻的被重新定义的过程。依照目前的法律逻辑，这些数据都涉及个人隐私问题，但由于数据隐私差不多是到 21 世纪才出现的新现象，法律规定迟迟没有跟上。直到 2016 年中期，欧盟才通过了《通用数据保护条例》（GDPR），并在 2018 年中期生效；之后不久，信息技术的中心策源地美国加州也通过了《加利福尼亚州消费者隐私保护法案》（CCPA），并在 2020 年 1 月 1 日

---

* 我与长期专注于互联网领域投资的丁健先生讨论过这个问题，他提出，就目前看来，5G、人工智能、大数据所引导的下一个智能生态不是为人类设计的，或者说不单纯是为人类直接设计的，就像高速公路不是为行人设计的；人类已经无法直接使用新的基础设施，就像人们不能到高速公路上去跑步、走路一样。我很认同这种判断，而且这里面有大量值得深入探讨的话题。新的智能生态会改变我们今天对数据的理解和应用，会实质性地重构既有的生产秩序和商品流通秩序。各种机器的产能及使用状态，各种原料、零部件的库存、物流状况等，都被物联网动态地联系在一起，生产过程会被重新定义；用户需求也在各种平台上被收集、汇总，大数据还会挖掘出新的需求。生产和需求这两端的数据会在各种电商平台上形成实时的动态匹配关系，整体的经济效率会获得质的提升。这个过程在未来十年内很可能会出现。过程中会有越来越多的人被机器所替代，从而深度改变就业市场的逻辑、财富分配的逻辑，进而改变人们的很多价值排序，改变一些基本的法律逻辑。我们现有的对世界的理解方式、世界现有的组织形态，都可能会被颠覆，一种全新的秩序逻辑和相应的治理逻辑，亟待浮出水面。

生效，这是美国目前最严厉的个人隐私法。中国则在 2020 年 5 月的两会上提出将制定《个人信息保护法》《数据安全法》等法律。

我们仅就国外已经生效的 GDPR 和 CCPA 做个对比，便会发现，两部法律都意在规范企业处理数据的行为，加强对个人数据和隐私的保护。但两者在具体的执行办法上有重要差别。GDPR 从监管者的立场出发，侧重保护基本人权，规定对个人数据的使用是"原则上禁止，有合法授权时允许"；CCPA 则是从消费者的立场出发，侧重规范数据的商业化利用，规定对个人数据的使用是"原则上允许，有条件禁止"。从确定数据主体的方式来看，GDPR 采取了"属地＋属人"的管理原则，针对的对象是任何拥有欧盟公民的个人数据的组织，无论该组织在哪里；CCPA 则采用属人原则，针对的对象是处理加州居民的个人数据的营利性实体，并且该实体只有在超过某个规模后才会被约束。

两相对比会发现，GDPR 对用户权利的保障更到位，但是其对权利的规定，却更像是基于传统工业经济时代的逻辑来规范信息经济时代的个人权利。传统工业经济时代的个人权利，并不涉及各种虚拟空间当中的权利问题，因为那个时候虚拟空间还未出现，那种个人权利的规定与当时的经济运转逻辑是匹配的。传统工业经济时代的个人权利又与传统农业经济时代的个人权利有着巨大的差别，这种差别甚至可以说是颠覆性的。那么，我们完全可以想象，与传统工业经济时代的个人权利相比，信息经济时代的个人权利也会有颠覆性的变化。

也就是说，"个人权利"的法律意涵是随着历史进展而演化的。人性中最基本的精神和物质需求是稳定不变的，所以，深层的哲学乃至神学意义上关于人的"权利"的意涵大致是稳定的。但是在不同的经济—社会处境中，"权利"转化为具体法律形态的表达可能会有较大变化。今天所说的"神圣不可侵犯"的个人权利是传统工业经济时代的，其具体内容是在法国大革命后才开始形成并延续至今的。而在信息经济时代，"个人权利"的意涵极有可能会再次经历深刻的变化，以匹配新的经济逻辑。

这里涉及一系列有着微妙差别的概念，"个人权利"不是抽象存在的，它必须在具体的法律形态中才能获得其可操作的存在。我们把刚说的这些问题还原到具体历史中来解释一下，就容易说清楚了。

在农业经济时代，由于技术落后、生产效率低下、产品匮乏，等级制因此成为财富分配的一种重要社会机制，可能这个时代是95%的人生产，5%的人消费的局面。通过等级制，就可以确保在资源匮乏的情况下，强者（比如领主）手中仍能掌握足够的财产以维系秩序；而强者的财产权上又附加着一系列对弱者（比如农奴）的照料义务，强者不能抛开这些义务任意支配财产，否则就会丧失强者的荣誉和地位；相应地，弱者也有为强者提供服务的义务。强者和弱者之间有着错综复杂的、非均质化的权利—义务关系。这些权责关系会通过一系列法律形态表达出来，这就是农业经济时代的个人权利。

在工业经济时代，生产效率有了极大提高，产品大为丰富，可能变成了95%的人生产，95%的人消费的局面。工业经济高效发展的条件之一就是降低交易成本，要做到这一点，就需要厘清各种产权边界。此前，领主与农奴在一块土地上分别拥有的复杂财产权利关系被革命夷平，产权关系变得清晰简单、均质化；等级制不再存在，每个人获得了以同等的姿态面对消费市场的权利；同时，工业经济也有"一分耕耘一分收获"的产业特征。以此为基础，各种原则都会获得一系列法律形态的表达，包括对财产权益的界定方式，这就是工业经济时代的个人权利。

到了信息经济时代，产品已经大为丰富，甚至过剩；同时，由于自动化的发展，很可能出现的局面是5%的人生产，95%的人消费。另一方面，信息经济时代的产业特征，也让工业经济时代的人所熟悉的"一分耕耘一分收获"的逻辑遇到巨大挑战。在工业经济时代，人的尊严来自劳动，社会价值的创造也来自个人的劳动。而在信息经济时代，社会价值的创造却未必来自劳动了。前一段时间，互联网上流传着一句话："如果你买的产品不需要付钱，那么你就是产品本身。"因为商家在通过免费的商品，获取各种各样对他们有价值的数据。在这个过程中，创造价值的不是有意识的劳动，而是被动的消费行为。如此被创造出的这部分价值该如何分配呢？无论如何，"一分耕耘一分收获"的逻辑在这里是无法适用的。

又比如，李佳琦在很短的时间内就获得令人目眩的成功，他当然耕耘得极为辛苦，但按照过去的产业特征，他的辛苦无论如何配不上他收获的如此之多的财富；还有很多人的辛苦程度不亚于他，却很可能一无所获。再比如网上火起来的各种红人，他们是怎么火起来的，连他们自己都说不清楚；同样，他们的成功可能怎样在瞬间崩塌，也没人说得清楚。有太多的东西仅仅是基于偶然，无论是你的成功还是失败都是如此。即便你非常努力，要想获得成功也得靠偶然的运气；失败的到来也可能与你是否努力没有关系，同样是基于偶然的运气。在互联网时代，我们已经见识过太多网红的大起大落了，这种状况未来大概率会持续下去，甚至会发展到更为深刻的状态。于是，在农业经济时代和工业经济时代我们所熟悉的"一分耕耘一分收获"的逻辑不复存在，社会可能会出现严重的贫富分化，分化又在很大程度上是基于偶然的。

在这种情况下，如果法律秩序及分配逻辑不能提供某种对冲偶然性的办法，任由它发展下去，很可能会出现严重的社会问题。为了实现对冲，产权的界定方式以及财富的分配方式一定也会发生极为深刻的变化，法律形态因此也会发生深刻变化。这就是信息经济时代的个人权利。

不同的时代，"个人权利"的深层内涵没有变化，都是对个人尊严的关注以及对正义的公共秩序的维护；但是随着技术条件的变迁，那些深层内涵应该具体呈现为怎样的法律形态，一定会发生深刻变化。咨诸历史，从农业经济时代到工业经济时代的"个人权利"的法律演化，是通过政治革命实现的；从工业经济时代到信息经济时代的"个人权利"的法律演化，也难免要通过危机倒逼来实现，近年来频频起飞的"黑天鹅"，有可能就是这种危机的表征。

在新的技术条件下，如果"个人权利"的具体法律形态仍然遵循上一个时代的权利逻辑，就会出现各种不适应的问题。比如，与中国的个人隐私信息保护相比，GDPR遵循传统工业经济时代个人权利的逻辑而形成的各种规定，要完善得多，但与信息经济时代的冲突也更多。它很可能会抑制欧洲本土的各种互联网公司的数据收集能力，并进一步让其算法训练遇到瓶颈。[*]因此，在各种商业应用场景的开发以及算法训练上，中国反而比欧洲有更大的优势。但这种优势仅仅是一种技术现实，它的基础在于中国还没有成熟的法规来保护信息经济时代的个人权利，因此中国在这方面的发展还处于一种野蛮生长的状态，这种野蛮生长也已经引起了国内外很多人的担忧。美国的CCPA的规定则介于中国与欧洲之间，对个人隐私有着相对好的保护，同时也为新的商业应用场景的出现，乃至新算法的训练提供了较为宽松的环境。它可能是未来"个人权利"的初步形态。

这就带来了一些很值得玩味的效应。

---

[*] 有一个很有趣的事实就是，2019年的全球十大搜索引擎当中，没有一个是西欧的。中欧国家捷克的Seznam排在第十，勉强给欧洲挣回一点颜面，但其在全球市场占有率只有0.05%。全球市场占有率排在前五位的分别是美国的谷歌（78.23%）、美国的Bing（8.04%）、中国的百度（7.34%）、美国的雅虎（3.39%）、俄罗斯的Yandex（1.53%），其余的搜索引擎市场占有率都不超过1%。

我们前面说过数据相当于信息时代的石油，但原始数据还只是原油，是没法被直接使用的，它必须被提炼。对原始数据的提炼就相当于信息时代的炼油工作，基于深度学习的各种算法就是炼油设备，而对个人隐私信息的保护法规，就相当于信息时代的环保法规。

与 CCPA 和 GDPR 相比，中国的"信息环保法规"目前是最不完善的，却让中国的"信息炼油设备"获得了最多的发展可能性。CCPA 这份"信息环保法规"算是中规中矩的，既对个人有保护，又向未来敞开了空间，从而也让其"信息炼油设备"获得了不错的可能性，再加上美国的"信息炼油设备"（也就是基于基础数学研究的算法）比中国的更先进，即便其"信息环保法规"带来的约束可能压缩设备的运行空间，设备的先进性也可以大致抵消这个问题。而 GDPR 的"信息环保法规"则规定过严，导致欧洲的"信息炼油设备"的发展条件不如中国和美国，未来很可能会更加落后于中美两国。

信息经济时代的个人权利的法律意涵跟传统工业经济时代的很可能是大不一样的，就像工业经济时代的个人权利和农业经济时代的大不一样。个人权利在信息经济时代究竟会被重新定义成什么样子，我们现在还说不清，但它一定需要人们让渡一部分自己过去所认定的隐私，结果是，对隐私的保护会与"信息炼油设备"的演化效率之间达成某种均衡和兼容的状态。如果信息经济时代个人权利的标准过低，可能会走向数字极权；数字极权会压制社会的活力，也就会耗竭掉信息经济的发展驱动力，使之难以长期持续。如果其标准过高，则会压制"信息炼油设备"的发展能力，也会导致其在信息经济时代被甩在后面。只有采用适度的标准，在社会的活力与"信息炼油设备"的演化效率之间达到最佳的均衡状态，才是未来的趋势。人们也得以通过让渡自己的一部分隐私，换取生活的便利；在未来的个人权利中，人们可能就不再认为被让渡的某些隐私有什么大不了的，同时今天不在意的一些东西可能会变成新的隐私。

由这一系列分析，我们又可以得出一个重要推论：

"信息炼油设备"的演化效率，成了规定未来的"个人权利"边界的一个重要参照指标。而"信息炼油设备"实际上掌握在各种大型商业公司手中，基于上一章的分析可知，尤其是掌握在中美两国的商业公司手中。这些公司所活动的虚拟空间又完全是穿透国界的，不被物理性的疆界所束缚与局限。自法国大革命以来，各个国家的"个人权利"的法律意涵都是由主权国家规定的；但是在未来，很可能其中相当一部分规定权会在事实上转移到那些大公司手中，国家反倒会在很多领域被动地退居二线。

也就是说，由商业公司主导的商人秩序会开始介入信息经济时代的"个人权利"的法律构成中。这会颠覆自法国大革命以来的很多政治和法律的基本逻辑，但这很可能是未来的秩序基础之一。

字节跳动们为何会遭遇今日困境

2020年，有一系列商业公司正遭遇困境。华为、字节跳动（旗下的抖音海外版 TikTok）、腾讯……一个个公司遭到外国政府的阻击，很多国人把这解读成中国公司遭遇外国的歧视性对待。然而早些年，谷歌、脸书、YouTube 等公司也在美国之外遭遇过一些商业困境。仔细看一下会发现，这些年来遭遇类似困境的，基本上都是中美两国的公司，并且都是与数据相关的。这不意味着别的国家的信息技术公司（因其以各种方式与数据相关，下文姑且称之为数据公司）有多幸运，只是因为只有中美两国有那种值得被阻击的数据公司。值得被阻击的标准之一就是公司的国际化程度。

为什么遭遇阻击的主要是国际化数据公司，各种传统公司——无论其是否国际化——都较少遭遇这种问题呢？这与信息技术带来的一些政治特性有紧密关联。

世界各国有着多种不同的政治制度和价值观念。过去，如果一国不想让别国的政治制度和价值观念影响到本国，是比较容易做到的，靠国界就可以把这些影响物理性地隔离在外，即便不能完全隔离掉，基本上隔离掉还是可以做到的。各国之间可以只在经济和贸易层面发生关系，在制度和观念层面不会形成太多的相互渗透效应。

但是信息经济时代就不一样了。数据是能穿透国界的存在，传统的物理隔离较难起作用，数据对国界的穿透会在政治上衍生出一些外溢效应。不同国家对数据安全、个人隐私会有不一样的监管原则和法律规定；这些原则和规定上的差异，又与不同国家在政治制度和价值观念上的差异有关联。如果一个数据公司的国际业务规模很大，其母国的一系列制度、观念，可能会以这些穿透国界流动的数据和算法为传导机制，形成政治外溢效应。

也就是说，数据公司遇到阻击，首先不是因为它在技术上有多先进，而是因为它成了政治外溢效应的传导载体。也正是因为这样，我们才看到，直到2020年8月7日，美国才通过特朗普发布的行政命令瞄准腾讯，比瞄准字节跳动晚了不少。原因很可能在于，虽然腾讯的公司规模比字节跳动更大，但是其国际化程度比字节跳动低很多，从而腾讯作为传导载体的效力低于字节跳动。

传统行业的公司也可能造成类似的外溢效应，但是不像数据公司这样直接。美国的《反海外腐败法》（FCPA）表面上是一部商业法律，实际上就是为了应对这种外溢效应的。

FCPA的管辖对象主要包括三种：一是全体美国公民、永久居民和其他具有美国国籍的人（不论是否居住在美国），以及所有根据美国法律注册成立的公司、企业或其他组织；二是在美国证券交易所交易的美国和外国公司，不论其是否在美国注册或其法人有没有美国国籍；三是所有在美国领土范围内直接或间接进行腐败支付的个人或实体。

初看上去，一个公司到其他国家去行贿与美国没什么关系，美国凭什么做这种司法管辖？但是往深里看一下，我们会注意到，由于美国的制度特征，各种利益集团都可以到美国国会游说（我在第七章里关于普通法的讨论中谈到过），如果一个美国公司或在美上市的外国公司在海外行贿，由此获得一系列不正当收益，那么，当它转过头来对美国进行游说时，不正当收益就会转化为相对于其他利益集团的不对称优势。美国因此要面临输入性腐败问题。这是美国要极力打击的，否则就是在鼓励其他公司也在海外行贿，这会败坏美国自身的政治健康。

比如，2000 年 2 月到 2004 年 9 月间，曾任法国阿尔卡特公司拉丁美洲分公司助理副总裁的克里斯蒂安·萨普斯奇安，安排阿尔卡特向哥斯达黎加电信局一位高管行贿 250 万美元，目的是获得一份价值 1.49 亿美元的移动电话合同。由于阿尔卡特在美国上市，再加上汇款又是通过美国银行进行的，此事很快就被盯上了。按说这个案子的标的并不是太大，对美国的经济和政治不会有什么实质影响，但是它违背了 FCPA 的基本原则，美国就不会放过。萨普斯奇安 2007 年被起诉，2008 年被判入狱 30 个月并缴纳 26.15 万美元的罚款。2019 年在国内火了一阵子的《美国陷阱》一书，讲的是另一个法国公司阿尔斯通高管的遭遇。在各种美国霸道故事的背后，也有类似的逻辑。

再往前看，这种逻辑在英国历史上也不新鲜。比如英国东印度公司 1757 年开始征服印度，按说其在海外既征服殖民地又赚大钱，不仅能让英国本土受益，还能让英国在海外更有力量，这对英国怎么说都应该是件好事。然而，东印度公司的孟加拉总督沃伦·黑斯廷斯

1785年腰缠万贯衣锦归国，1787年就遭到英国议会弹劾，被指控在东印度公司期间严重贪污。这桩弹劾案是英国历史上的一场重要政治审判。发起弹劾的议员埃德蒙·伯克所担忧的问题之一就是，东印度公司的那些人会凭借自己骤然获得的巨大财富，游说和腐蚀英国的议会和上层政要，从而获得政治上的不正当影响力，这会严重侵蚀英国政治的健康。虽然黑斯廷斯最后被无罪释放，但是这桩弹劾案对英国产生了深远影响。英国开始调整自己的帝国理念，重新考量对印度的统治方式，也调整了自己的内政逻辑。当年的英国议会和如今的美国政府有一个共同的动机，那就是防止海外腐败转而给国内带来输入性腐败问题。

数据公司不一定能通过海外腐败在美国获得游说能力上的不对称优势，但是由于数据本身对国界的穿透性，美国同样将不得不面对输入性政治效应。实际上，不仅是美国，所有国家都会面对这种效应，所以我们最近才会看到不止一个国家在出台一些政策，来排斥其他国家的数据公司。

美国近期针对若干中国公司的政策，所依据的是1977年通过的《国际紧急经济权力法》（IEEPA）。该法规定，在美国国家经济面临紧急情况时，赋予总统更广泛的权力来应对"非常规和特殊威胁"，授权总统可单方面宣布对投资实行限制。2020年8月5日，美国国务卿蓬佩奥宣布了"干净网络计划"，提出要有干净的运营商、干净的应用商店、干净的应用程序、干净的云端，以及干净的海底电缆，并点名了一系列中国数据公司。这些要求，基本上就是要把中国的数据公司排除出美国市场；甚至不只是如此，中国有些 APP 公司被禁止与美国公司发生交易关系，这就意味着这些 APP 无法通过苹果手机上的应用商店和安卓手机上的谷歌应用商店进行分发，它们甚至可能由此被排除出国际市场。虽然在执行细则上，美国未必会做到这么绝；但在理论上，这种可能性显然存在，我们从这里又可以看到美国政治的外溢效应。

依照前面的讨论，可以对"干净网络计划"做出一个评价：蓬佩奥以一种很扭曲的方式提出了真问题，那就是，如何克服国际性数据公司所带来的政治外溢效应；但是蓬佩奥给出了一个很糟糕的答案，就是用隔断互联网连接来解决问题。

国际互联网协会紧跟着蓬佩奥的讲话发表了一份声明，表示对美国做出此决定感到非常失望，抨击这个答案。

> 互联网是全球共通的网络，网络在自愿的基础上互联，不应该具有某个中央权威。正是这种架构让互联网如此成功。而美国的"干净网络计划"恰恰挑战了这一架构的核心。
>
> "干净运营商"和"干净电缆"项目将迫使大量的互联网流量递送到第三国，徒增了数据传输的距离，增加了潜在的互联网流量监测和操控，以及互联网中断的风险，互联网使用成本也会因此上升。

政府出于政治因素而非技术层面来决定网络如何互连，这与互联网的理念背道而驰。这些干预措施将极大地影响互联网的敏捷性、弹性和灵活性。

如果这种方法被进一步推广，那么互联网带来全球合作、全球覆盖和经济增长等更广泛利益的能力将受到严重威胁。

这样的政策只会增加全球互联网走向分裂的可能性，带来一个支离破碎的互联网，而不是我们在过去40年里建立起来的、在当下比以往任何时候都更需要它的互联网。

同样，脸书的创始人扎克伯格也于8月7日在全体员工大会上表示："我认为（TikTok被禁）是一个非常糟糕的先例，无论解决方案是什么，都必须格外谨慎和认真对待……这会开创一个非常糟糕的长期先例……它很可能会在世界其他国家产生长期后果……TikTok是竞争对手。或许（TikTok被禁）会让Reels的推出变得更容易些，但运营一家公司不能只着眼于下个月或下个季度。"[14] 美国手机通信软件Telegram的创始人杜罗夫也说，美国针对TikTok的行动是一个危险的先例，很快，每个国家都可能利用"国家安全"这个借口，将各个政府在互联网世界中各占一角的行为合理化，从而"摧毁国际科技企业"。杜罗夫还说："讽刺的是，正是脸书和谷歌这样的美国企业，可能在这一过程中失去最多。"[15]

扎克伯格等人清晰地意识到，不光中国的数据公司正在遭遇困境，所有大型国际性数据公司都会遭遇类似困境。美国把中国公司排除在外，也会让美国公司未来在其他国家遭遇被刁难的困境，届时美国公司很可能也无法理直气壮地表示反对。

中立性：国际性数据公司的未来之路

蓬佩奥提出的是真问题：在数据穿透国界的情况下，如何防止一国政治对他国的外溢效应。各大国际性数据公司面对的也都是真问题，互联网经济的基本特征就是头部效应、赢者通吃，数据的基本特征就是不受国界所限，结果就是赢者必定会成为传导各种政治外溢效应的国际性数据大公司。这是一个必然的商业逻辑，可是如何能够让这种商业逻辑和各国的政治逻辑之间不再发生这样的迎头对撞？

问题问到这里，答案也就呼之欲出了。

从长远来看，国际性数据公司未来必须超越主权国家秩序、去国家化，才能确保其数据能够中立化。只有这样，才能保证这些公司不再成为各国政治外溢效应的中介载体，从而能够为各个国家所信任。只有在一种非国家的秩序中，公司和数据的中立性才可能实现，因此，这种秩序只能是一种商人秩序。就目前的局势来看，除非这些国际数据大公司能够联手促成"公司去国家化"，否则前面谈到的那些困境就是无解的。

这些大公司应当也最有动力去推动这种商人秩序，因为这恰恰可以回应它们当下最大的困境。而且只有当各大国际性数据公司都在商人秩序下展开主要的经营活动时，才能防止它们在不同体制的国家间进行各种规则套利，获得各种不对称的竞争优势。这些规则套利会对国际性数据公司的商业伦理造成伤害，从而伤害其长远利益。

  当然，前面对"商人秩序"的探讨，是着眼于长线的。有些公司已经火烧眉毛了，如果在短线上根本活不下去，就没有能力考虑长线问题。从短线上来说，这些公司很可能不得不迅速建立国内、国外两套数据系统和算法系统，并且对自己在运营中所提取的各种不涉及商业机密的非敏感数据，做出一系列可验证的透明化安排，从而获得其他国家的信任。可验证的透明化安排中，包括这些公司要将自己的海外数据中心设置在一个中立的第三方小国，如新加坡、瑞士、冰岛或者迪拜，这也是可信度不可或缺的一部分。*

---

* 在 2020 年 8 月中旬，我曾如此分析正遭遇严重困境的字节跳动公司。当时字节跳动已经在美国和爱尔兰都设置透明度中心，透明度中心将提供有关 TikTok 源代码及其数据隐私和安全举措的信息，任何人都可以来查看。这样一种关于数据隐私保护的做法，是目前世界上最激进的，还没有其他类似的公司能够做到。在当时看来，如果这种做法仍然无法让字节跳动逃过劫难，那就会以一种惨烈的方式证明，当下以国家为主体的数字空间治理，在本质上就是不可能成功的，字节跳动也以此为后人植下一块路标，提示着应当走的方向；与此同时，字节跳动也可能基于这块路标以及企业由此获得的商业伦理高度（因激进的透明度安排而获得的巨大的商誉），找到机会再次出海，继续其国际化的梦想，如此一来，即便字节跳动在 TikTok 的事情上失败了，这场失败也会转化为它未来东山再起时可依凭的资产。"让失败转化为资产"，是这个评论的核心关注点之一。幸运的是，到了 9 月下旬，字节跳动终于在卖掉 TikTok 和放弃美国市场之外找到了第三条路，似乎化解了困境；遗憾的是，直到本书交稿为止，这第三条路仍然命运未卜，期待到本书面市的时候这条路已经走通了。无论如何，这第三条路还是为我们提供了关于未来的更多脑洞，相关讨论留待下一章。

我最近和许多朋友谈到这样的构想时，他们的第一反应都是很吃惊，觉得很难想象一种超越于国家秩序的商人秩序。这是因为现代人都是在国家秩序中长大的，它是我们思考问题时不言自明的基本前提。然而，要知道，国家秩序对其他秩序的全方位遮蔽，是在法国大革命之后才出现的，到现在不过200多年。在人类历史更长的时间里，各种秩序空间是彼此交错、共存的。

比如，在近代以前，欧洲北部曾经有一个由100多个商业城邦组成的"汉萨同盟"。这些城邦就是在神圣罗马帝国的政治秩序之外，形成了强有力的商人秩序，曾主导波罗的海、北海地区的贸易数百年。汉萨同盟虽然在近代早期被主权国家秩序所替代，但在其历史中所形成的很多国际规则的影响一直延续至今。

多种秩序空间共存的局面占据了人类历史长得多的时间。没有人能说我们今天所熟悉的国家秩序必定会永远存在，不会被超越。就目前令人眼花缭乱的国际局势而言，商人秩序已经呼之欲出了。

那么，如何开启商人秩序呢？这些穿透国界的大公司，又将如何在自我治理的过程中形成一种新的商业伦理，进而导向一种包含道德价值，从而是可持续的秩序呢？由于它们是在非国家的虚拟空间中活动，这个空间在很多层面上便应保持去政治化的状态，才不至于伤害新的商业伦理。那么，商人秩序在这里又该与主权国家建立什么样的关系呢？

这些都是必须回答的严肃问题。后面两章，我们就用来大开脑洞，天马行空地探讨这一系列问题，期待能够由此吸引更多有兴趣的朋友，来共同探讨这些问题，共同构想未来。

第十一章
"全球数字治理联盟"与商人秩序

　　上一章说到的商人秩序,最初的推动者很可能就是那些大型数据公司,也就是"信息炼油设备"的拥有者。虽然从法律属性上来看,这些大型数据公司是私人公司,但它们实际上已经是全球公共品的提供者了,早就不能仅仅从私人品的角度来定位它们。

　　前文所说的数据公司,包括各种与数据相关的公司,比如互联网类公司(包括各种移动端 APP 公司在内)和手机制造商类公司。但是互联网类公司与手机制造商类公司有一个巨大的差别:前者的边际效益是递增的,而后者的边际效益则是递减的。原因在于,手机制造商类公司一只脚踏在数据中,一只脚踏在传统制造业中,而传统制造业的基本规律就是边际效益递减。然而互联网类公司却正相反,网络用户数越多,网络的价值就越大。如果世界上只有一部电话机,它没有任何用处;如果有两部,电话机就开始有点用处了;如果有十部,它们就已经形成一个小电话网了，对社会的用处会呈指数级上涨。电话机的数量越多，整个电话网的价值就越大。互联网类公司也是一样，用户越多，网络内的节点就越多，互联的可能性就越多，网络的价值也就越大；而互联网类公司依循的是一种分布式管理的逻辑，其管理成本的上涨速度是远低于网络价值的上涨速度的，所以互联网类公司的边际效益是递增的。

边际效益递增，就意味着互联网类公司会形成极强的头部效应。公司越大，就越容易变得更大；公司越小，也就越难以获得机会；除非这家小公司发现了一个大公司无法占据的全新赛道，从全新生态位上出发。但这家创新小公司很容易被人模仿，最终的结果是，它或者成为头部公司，或者默默死掉。

头部公司的国际性

在一个赛道内，头部公司大概也就一两家。在其赛道特征允许的情况下，随着它们把国内市场开拓完毕，就必须走向国际市场。这是边际效益递增所带来的必然结果，如果它们不走向国际市场，其竞争对手通过国际化获得更高的效率，它们自己就玩不下去了。公司在国际化后会与同生态位的其他互联网公司在全球市场上迎头相撞，经过激烈竞争才会走向边际效益递减，最终大致确定自己的扩张边界。而这些企业在不断扩张的过程中，会不断迭代演化自己的业务模式，从而会逐渐空出一些生态位，让其他的互联网企业有发展的空间。接下来，就看占据其他生态位的企业是否有能力开辟出全新赛道了。全球互联网产业很容易集中到少数几个超级巨头手中，不过这些巨头新老更替的速度也很快，因为互联网时代出现新赛道的速度太快了。

这些头部公司一旦国际化，就意味着它们要开始承担起提供国际公共品的责任了，这不是它们想不想、愿不愿的问题，而是客观事实让它们处在这个位置。无论是美国的脸书、谷歌，还是中国的字节跳动，都已经处在这样一个位置。这是信息技术时代的一个新现象，但其意涵还远未被人清晰地意识到。

在这一系列客观逻辑之下，我们就会发现，我们所讨论的这种大公司天然必须是国际性的。不是说它们必须把业务拓展到各国，而是说，公司虽然在具体的国家注册，但在其自我定位和治理逻辑上，则应超越国家属性，以特定意义上的"世界公民"为自我期许。如果不能超越国家属性，它们就无法真正运营国际业务，国际化失败则会丧失边际效益递增的机会，最终被竞争对手所超越。

进一步来说，一方面，这些公司应当超越国家属性；另一方面，公司里都是些什么样的人，在哪里做事情，如何互动起来共同演化出治理规则，都是有社群属性的。社群属性也是商人秩序的题中应有之义。商人们共同演化出的这种合作秩序，我们姑且称之为"全球数字治理联盟"。它很可能是以全球数据交易中心和全球数据监管联盟为制度基础设施而发展起来的。在这两个基础设施的制度设计背后，还应有伦理基础来支撑。伦理基础的问题我们留待下一章再展开讨论，这一章先聚焦在制度基础设施上。

数据交易中心

先说数据交易中心这个基础设施，它与人类秩序的基本演化逻辑相关。人类能够站到食物链的顶端，一个基本原因是人类能够进行大规模合作。很多群居性动物也能进行合作，但这种合作是基于血缘群体的，靠本能就可以实现；而人类的合作规模远远超越了血缘群体，靠本能是做不到的，得靠共同信念带来的对彼此的认同感才能做到。基于共同信念的认同感就是合作秩序的伦理基础。

如果没有认同感带来的同质性，合作便无法产生；但是如果人们在占有的物质资源层面没有异质性，合作也无法产生。说得直白一点就是，不同的人所占有的东西必须不一样，才能相互配合起来，形成更复杂的合作关系。而形成合作关系的基本途径就是各种意义上的交易。比如，你有铁，我有木头，通过交易，你可以购买我的木头，用铁钉把它钉起来变成一辆大车；我可以购买你的铁，跟木头组装在一起做成锄头。张三买了我的锄头去种地，收获粮食；李四则买了你的大车把粮食卖到更远处欠缺粮食的地方，换回陶器……

这样，通过交易过程，人类所掌握的各种资源就被以各种方式组织起来了，合作秩序于是不断扩展。也就是说，人类的合作秩序，是通过市场、交易过程建立和扩展起来的。

因此，数据公司要推动形成"全球数字治理联盟"，所需要的一个重要的制度基础设施就是数据交易中心。在中心里面交易的，当然是各种不同类型的数据。数据的类型，可以根据数据公司的类型做出区分。这种区分能帮我们看到数据的异质性，也看到数据交易的需求何在。

我们可以把各种数据公司粗略地分为六类：

一、运营商，比如中国移动、英国沃达丰，未来还可能有类似于马斯克的星链（Starlink）的公司；二、运营设备生产商，比如生产服务器、基站的华为、爱立信；三、终端设备生产商，目前主要是手机厂商，到了5G时代还可能包括物联网上搭载各种传感器的设备的生产商，比如生产自动驾驶汽车的厂商或者生产机器人的厂商；四、核心部件生产商，比如安谋控股、高通、英特尔、台积电等芯片生产中各个环节的公司；五、操作系统，目前主要是苹果的iOS系统和谷歌的安卓系统；六、APP应用商，比如腾讯、字节跳动、脸书。这个分类肯定是不周延的，不仅是对当下的信息经济来说不够周延，对5G时代可能发生的变化来说更是不周延，但这种粗略的分类，可以帮助我们找到对问题进行初步分析的路径。

在利益关系和运营逻辑上，这几种公司彼此之间有着制衡关系；

它们各自与主权国家的关系也很不一样。比如微信的语音通话功能，对运营商的很多业务都产生了巨大的冲击，运营商差不多变成了管道工的角色；在一些应用场景下，微信所掌握的数据类型对某些智能制造公司的价值可能会比对腾讯本身更高。运营商涉及通信频段分配的问题，这个分配权掌握在主权国家手中，因此运营商与国家进行谈判的需求很强，而其他类型的公司则没有这么强。不同主权国的国家能力强弱不同，与国际运营商谈判时的地位则会不同。弱势国家的本地运营商面对国际性大APP运营商，比如脸书，又处于弱势地位；等等。

上面这六种类型的数据公司，又可以大致归为两类：一类是虚拟经济的数据公司，包括操作系统和APP应用商；另一类是跨到实体经济领域的数据公司，包括运营商、运营设备生产商、终端设备生产商和核心部件生产商。虚拟经济公司的运营不依赖于特定的物理空间，用脚投票的成本相对较低，与国家共谋的需求相对较小；实体经济公司的运营则依赖特定的物理空间，用脚投票的成本相对较高，与国家共谋的需求相对较大。

基于前述分析，我们可以看到：政治空间与虚拟空间的各种交错，不同类型的公司所打造的不同虚拟空间结构的各种交错，就形成了各种错综复杂的利益结构。如此多的利益结构，都是基于各种"数据炼油"能力浮现出来的。这个过程中会形成大量的数据交易需求，而且相当一部分是跨国交易。

比如，滴滴打车的数据，丰田公司可能会感兴趣，因为这对其自动驾驶的开发会很有用；美团的数据，沃尔玛可能会感兴趣，因为这对其优化采购会有用；脸书在东南亚的数据，优衣库可能会感兴趣，因为这对其理解东南亚的服装市场有用；人们在健身房运动的数据，耐克或一些保健药品公司可能会感兴趣；甚至是链家地产的数据，巴西的淡水河谷公司可能会感兴趣，因为中国的房地产走势，对国际铁矿石的价格会有影响……

当下的数据交易需求已经很多，然而，既有的各种交易经常规范性不足，即便是在 GDPR 的监管下，仍然可以说（恰当的）规范性不足。我们可以预期，随着 5G 的普及以及 IPv6 的普遍部署带来物联网的广泛出现，数据交易的需求会进一步猛增，这就会催生出需求，各大公司都需要更具规范性、更有效率，也更符合信息经济时代的权利逻辑的数据交易中心。

与国家安全相关的数据，各个国家可能要通过"数据主权"来控制；但更多的数据是不关乎国家安全的，仅关乎商业价值。这些数据通过一系列算法脱敏、去除个人隐私信息后，就可以在数据交易中心进行各种交易。

数据交易中心会逐渐演化出数据的定价机制、交易规则，以及适用于信息经济时代的隐私保护机制（这意味着对"个人权利"的新定义）等一系列机制。这里还会浮现出一系列新的金融交易类型。数据交易中心会让各大拥有"数据炼油"能力的公司获得更多的能力：通过在多个领域的数据中穿梭，它们能够重新定义终端消费的需求结构，乃至培养出新的消费逻辑。于是，在过剩经济的时代，数据交易中心就可能间接地反向定义电子技术产业和重化工业的生产逻辑。

由于"信息炼油设备"并不掌握在国家手中，而是掌握在各种大公司的手中，以数据交易中心为轴心而形成的"全球数字治理联盟"的治理逻辑，很可能是通过那些参与其中的大公司的自我治理而演化出来的，国家在其中扮演的角色反倒比较有限。大公司间的持续交易过程会逐渐演化出某种"数字宪章"，这将让既有的全球经济治理秩序获得重要的升级。

数据监管联盟

关于全球数据交易中心的讨论，是一种远景构想，到它成为现实还有一定的距离。2020年9月20日，字节跳动与美国的甲骨文公司（以及沃尔玛公司）达成的合作协议（下文简称"甲骨文方案"），刺激我们打开了一个重要的脑洞。虽然直到本书交稿时，由于大国博弈的多重复杂原因，甲骨文方案仍然命运未卜，但即便这个方案失败了（我非常期待它能成功），它仍然预示着未来某种重要的可能性。我们把这个脑洞继续向前推进一步，就会发现信息经济时代对"全球数据监管联盟"的需求。全球数据监管联盟很可能还隐约勾勒出了通向全球数据交易中心乃至全球数字治理联盟的路线图。

我们先简单说一下甲骨文方案的内容。TikTok承诺将继续把美国作为总部,甲骨文公司将作为TikTok"可信赖的技术合作伙伴"(trusted technology provider)。甲骨文与TikTok的合作模式将类似于苹果公司在中国通过"云上贵州"进行数据安全合规管理的模式,TikTok不会把技术和核心算法出售给甲骨文,而甲骨文会成为TikTok的数据托管商,以确保数据的安全性,这个方案又被称作"云上加州"。[*]甲骨文和沃尔玛会入股TikTok,几方还会投资建立教育基金会以提升全球教育水平。

甲骨文方案里最核心的部分便是其对"云上加州"的机制设计,该机制既回应了特朗普政府的一些担忧,也不会违反中国禁止核心算法出口的规定。

特朗普政府的担忧就是我在上一章谈到的"真问题",也就是跨国数据公司会成为不同国家间政治制度外溢效应的载体,但他们给出的解决之道——把网络斩断——是个"坏答案"。斩断网络的做法极为简单粗暴,就是要斩断被锁定的互联网公司的全球性运营网络,强迫字节跳动把TikTok卖给美国公司就是其表现。为什么这是个"坏

---

[*] 在关于甲骨文方案的新闻报道中,人们常用"云上贵州"来比拟"云上加州",我在这里也借用了这种比拟,但实际上两者有着重要区别,在下文关于"数据监管商"的讨论中会详细讲述这种区别。

答案"呢？原因就在于我前文提到过的互联网产业区别于传统产业的一个重要特征——互联网产业是边际效益递增的，成功的互联网公司最后必定会发展到以全球为运营空间。通过肢解互联网公司来斩断其运营网络，这种做法违背了互联网的技术特性。回顾人类历史会发现，与革命性新技术/新经济的技术特性相违背的政治方案，从来没有成功过；最终的结果一定是政治秩序进行自我调整，以适应新技术/新经济。

甲骨文方案给出了"好答案"的可能方向，原因在于：第一，它保持了字节跳动公司全球业务的完整性，也就符合互联网产业的基本技术特性，没有斩断网络；第二，它也回应了美国所担忧的真问题，甲骨文作为数据托管商，成为数据安全的中保，使得 TikTok 的数据安全性可以被美国所接受和信任。也就是说，甲骨文方案同时满足了两个要求：保障互联网公司的全球属性；克服互联网公司的跨国性制度输出效应。同时满足这两个要求，是"好答案"的起码标准。

然而，从长线来看，甲骨文方案仍然不够理想，它只能是个过渡性方案，这也是我前面会说甲骨文方案的脑洞需要"向前继续推进一步"的原因。推进的方向应该是什么呢？应该是形成独立的数据监管商。

就此而言，有两个问题需要解释一下：一是为什么甲骨文方案仍不够理想，二是为什么应当由数据监管商，而不是由国家来主导这个工作。

先说甲骨文公司的问题。甲骨文是数据库软件巨头,如今也是云服务巨头,而 TikTok 最重要的优势就是其数据和算法,甲骨文的业务与其有某种重叠性。业务上的重叠性有其好处,甲骨文会很懂得怎么去做数据监管;但也有坏处,它会让甲骨文无法避免各种瓜田李下的嫌疑,从而不容易确保其中立性身份。至少,其中立性身份是有些暧昧的。

作为监管者,最重要的属性之一就是中立性。如果中立性不足,那么监管身份的正当性就是可疑的,公信力则会不足。因此,甲骨文方案只能是个过渡方案。

国家来做监管者也会有问题。国家可以制定法规并监督法规的执行过程,但是国家不具备直接监管数据的技术能力,这种能力掌握在商业公司手里。而如果国家通过成立公司(国营数据监管商)来做这件事,仍然会有问题。因为互联网天然就是分布式演化的,而国营数据监管商的所有权属性决定了,它能发展出的监管规则大概率是集中式设计的。这样的规则很难跟得上互联网公司业务形态的演化效率,从而难以符合实际的需求。而且由于国营数据监管商的国营身份,其商业逻辑与政治逻辑混在一块,从而导致其面目暧昧(这与甲骨文方案的面目暧昧还不一样),中立性和公信力不足。

所以,国家来做监管时,更适合制定负面清单,告诉(无论哪国的)数据公司在本国不能做哪些事情,数据公司应当遵守此负面清单;但国家不适合制定正面清单,不适合告诉数据公司应当做哪些事情，因为这种正面清单会大幅降低互联网的运转效率，而且事实上它也难以奏效。

从长线来看，未来更加可行也更值得拥有的方案是，在市场机制下发展出若干个新的完全中立的数据监管商。这些公司只做数据监管（监管方式中也许还包括数据托管），不做别的，其中立性便能获得保障。数据监管商的市场角色，有些类似服务于商业公司的会计师事务所。一个公司聘请好的会计师事务所做财务审计，其财务报表的公信力才会好，它在股市上也就更容易获得投资者的信任。聘请一个好的数据监管商，会成为一个数据公司的公信力的重要来源。

未来的数据监管商应该会有不止一个，就像市场上有很多会计师事务所一样，这些数据监管商会竞相出台各自的数据监管规则。从其专业性及可操作性上来说，这些监管规则的标准会高于各国政府提出的标准；但是也不会过高，以至于被监管的数据公司束手束脚，什么都不能做，那样也就没人选这个监管公司了。在多个数据监管公司相互竞争的过程中，会逐渐演化出能够平衡各种需求的监管规则，同时不同的监管公司有各自的特色。也只有在这样一种市场竞争的过程中，我们才能发现一套恰当的数据监管规则，而不是由一个中央集权机构自上而下地来制定监管规则。我们前面说过，监管需求是伴随着互联网的分布式演化而演化的，自上而下的制定方法天然违背了互联网世界的分布式规则，也无法奏效，因此有效的监管规则是无法被集中式地设计出来的。

随着诸多数据监管商的出现，它们还可能发展出独立的全球数据监管联盟。可交易数据的基本标准、用户隐私的保护规则等，都会在监管联盟中被制定出来，或者说被发现。在这个意义上，数据监管联盟又会成为数据交易中心所必需的制度基础设施，或者说两者互为制度基础设施：数据监管联盟参与制定数据交易中心的交易规则的形成，数据交易中心演化出的新的监管需求会推动数据监管联盟的监管规则发生演化。

同时，监管联盟还应当有内部制衡机制，以便对具体的数据监管商进行监管，以防其滥用监管权力。滥用监管权力的公司会被监管联盟踢出去，其公信力遭遇严重危机，也就无法在市场中存活下去了。

全球数据监管联盟的国际法律地位可能类似于国际足联。国际足联不是像WTO那样的政府间组织，而是个商业组织，但其影响力是各国都不能忽视的；不仅如此，国际足联主办的世界杯各国还会竞逐其承办权。因此，国际足联在一个特定领域和维度中获得了公认的权威，未来的全球数据监管联盟可能也会获得类似的地位。

随着若干数据监管商乃至监管联盟的出现，大型数据公司跟各个国家谈准入条件时，就可以明确提出，自己会聘请哪个监管公司作为其数据监管商。当然，具体聘用哪家也应该是个可以谈判的事情。这样的谈判策略直接解除了对方国家对数据安全性的担忧，同时数据公司也可以预先排除很多政策风险。

数据监管商要想获得足够的中立性／公信力，利益无涉是个很重要的前提。由此出发，我们又可以打开一个很有趣的脑洞，就是欠缺互联网巨头的欧洲和日本，也许会发现新的机会。

我在前面谈过，互联网巨头出现的必要基础是先进的算法和海量的数据。美国在算法上是最强的，而中国则在数据规模上是最大的。由于互联网经济强烈的头部效应，其他国家的公司就很难获得机会成长为巨头了，在可预见的未来，这种状况很难改变。最近若干年来，全球十大互联网公司里一直是由6家美国公司和4家中国公司组成，没有其他国家的公司，这不是个偶然现象。

但问题也就在这里。正因为中美两国都有互联网巨头，两国便都是利益相关方，这两国的数据监管商的中立性面目便都是较为暧昧的。而欧洲和日本正因为没有互联网巨头，反倒是利益无涉的，从那里出来的数据监管商的中立性／公信力便会更好。

既有的数据巨头的业务基础仍然以"to C"（面向个人用户）为主，欧洲和日本没有机会弯道超车并发展出新巨头。但数据监管公司的业务基础以"to B"（面向企业用户）为主，欧洲和日本便有了弯道超车的机会。毕竟，数据监管商不直接涉及算法和数据规模的问题，主要涉及的是数据的安全规则问题，这对算法和数据规模的要求不像"to C"的业务那么高，欧洲和日本的技术能力可以轻松应对。

未来的数据监管商，可能是在我们今天所熟悉的公司之外，新成长出来的一些独立的第三方公司，也可能是现有的某些公司转型而成的。我们把脑洞继续开下去，比如芬兰的诺基亚公司，1865年成立，最初是造纸和做雨鞋的，后来转型成了手机巨头，但是今天已经奄奄一息；那么未来诺基亚能否凭借北欧国家足够高的公信力，转型成为数据监管商呢？

脑洞开到这里，我们再看一下关于全球数字治理联盟的构想。虽然它初看上去像个不切实际的理想，以至于对全球数据交易中心的讨论也显得很缥缈，但数据监管商的出现乃至可能由此发展出的全球数据监管联盟，为理想的现实化提供了一个非常重要的中间步骤。当然，这个中间步骤也要分好多步来走，命运多舛的甲骨文方案迈出了第一步，这一步的最终结果到本书交稿时还难定论，但它无疑为世界探索出了一个重要的前进方向。

凯恩斯在其1919年写就的《和约的经济后果》这本小册子中提出，第一次世界大战之后签署的《凡尔赛和约》，屈从于各种强烈的民族主义复仇情绪，以政治的激情割裂了各国间相互依赖的深度经济关系，它无法真正带来和平，只会导向下一场战争。为了突破这种黯淡的前景，需要对《凡尔赛和约》做重大修订，建立超国家的全球经济治理组织，才有机会带来新的秩序。凯恩斯在建议中已经勾勒出了世界贸易组织、国际货币基金组织、世界银行的雏形，但当时没有多少人理会凯恩斯的呼吁。在凯恩斯的预言终于获得验证，又一场世界大战爆发之后，人们才终于想起凯恩斯的先见之明，三大全球经济组织也成为"二战"后和平秩序的制度基础设施。

今天，世界已经走到了需要再次突破既有秩序的时刻，以全球数字治理联盟为基础的商人秩序可能是未来的一个方向。全球数字治理联盟下面也会有不止一个机构，包括全球数据交易中心、全球数据监管联盟，还可能会有其他机构。

这些机构作为全球数字治理联盟的（准）执行机构而存在，治理联盟当中还应当有规则制定机构。脑洞继续开下去，我们又会发现，规则制定机构很可能得分上院、下院，这又与数据公司的不同类型有关。

超级公司与一般公司的角色

前面我们把数据公司分成了六种，又大致归并成了两类——虚拟经济公司和实体经济公司，这些都可能是"全球数字治理联盟"的成员公司。从另一个角度，我们又可以把这些成员公司区分为两类，姑且称之为超级公司和一般公司。一个公司要成为超级公司，需要同时满足三条标准：一是规模足够大，二是对日常生活的渗透率足够高，三是国际化程度足够高。相对于一般公司而言，超级公司因其国际化程度高，对国界的穿透能力更强；因其对日常生活的渗透率高，对秩序的影响更加深刻；因其规模大，和国家谈判的能力更强。

超级公司的数量非常少，两只手就数得过来，目前只有中美两国才有。环顾世界，我们会发现还有一个潜在的巨头孕育地——印度。虽然因为各种原因，我从不看好印度成为世界工厂的潜力，但是印度发展出数据公司巨头的潜力是不容忽视的。印度的市场规模同样巨大，同时其基础数学教育水准很高——这是发展算法的基本前提，再加上印度裔已经在硅谷拥有巨大的影响力，这就让印度有机会实现弯道超车。

要实现弯道超车有一个困难：互联网经济中的用户有很强的路径依赖或者说很高的迁移成本，要让用户从一个平台迁移到另一个平台，难度很大。除非原有平台遭遇不可抗力突然没法用了。比如，2020年6月29日晚上，印度政府宣布禁止TikTok在印度的使用，原本没有多少机会的印度互联网公司马上开始收割这波红利，TikTok的竞争对手、印度互联网公司Roposo在两天内用户量就激增2200万。这会给原有平台带来反向的迁移成本，即便TikTok日后在印度被解禁，它想从Roposo手里再夺回份额，难度也是巨大的。在目前的这波红利中，有可能出现印度的超级公司，这是值得关注的。

反过来，在这个意义上我们也可以看到，中国的超级公司字节跳动在海外保留下TikTok的种子是多么重要，这相当于为中国保留了未来参与到数字空间治理秩序的种子。诚然，未来的全球数字空间治理秩序是由公司来主导的，参与其中的公司需要尽可能淡化自己的国家属性，更多从全球公共品提供者的角度出发。但这些公司的某些基因还是与母国之间有着各种切不断的关联，拥有这种公司，对母国一定是有利的。

此外，还有一种潜在的超级公司，那就是新出现的数据监管商。虽然它们的规模与现有的数据巨头很可能无法同日而语，但因其所承担的特殊功能，它们在全球数据经济当中的权重，完全有可能配得上超级公司的成员资格。那么，欧洲、日本也就有可能孕育出特殊类型的超级公司。

超级公司具有更强的全球公共品属性，但它们毕竟仍是商业公司，也就是说它们具有双重属性，跟一般公司不一样。这类似于我在第七章中讨论的情况，英国和美国作为世界霸主，兼具世界性和国家性的双重属性。

这就意味着，超级公司在"全球数字治理联盟"的治理机制里面可能要承担起一些特殊责任。联盟的规则制定机构应当设置为双层结构，可以类比为议会的上院和下院。超级公司应该是上院的成员，它们应当作为商人秩序的探险者，凭借其能力，不分国别和行业赛道，联起手来与各个国家进行准入规则谈判。换句话说，由上院的超级公司来推动确立商人秩序与各国政治秩序之间的规则边界。这是在为商人秩序本身争取空间和尊严，这种尊严与国别、行业赛道都无关。在今天的语境下，我实际上要说的就是，中美两国的超级公司（再加上未来可能的数据监管商类超级公司）应当联起手来，虽然它们在商业活动中会有各种竞争关系，但是在推动建立商人秩序这件事情上，它们绝对是有共同利益的；有了数据监管商类超级公司的加持，推动建立商人秩序便有了更多的正当性和助力。

下院里则是从"全球数字治理联盟"的成员中所选出的一般公司的代表。实际上，数字经济中更多、更日常的数据交易活动是由一般公司进行的，也就是说，下院代表着更加具体、微观的商业过程。所以下院应当负责推动形成数据交易中的一般性商业仲裁规则。

"全球数据监管联盟"应当保持中立性身份，它甚至应当中立于具体的数据监管商，这就让监管联盟可以承担起"数据仲裁庭"的工作；上院则可以成为商业仲裁案的最高上诉机构，因为对"全球数字治理联盟"而言，上院是一种终极的政治性存在，它以其与国家的谈判能力为基础，界定着"全球数字治理联盟"的权能边界。

我们对仲裁机构所做的这种设计，可能会面临一个严肃的质疑，那就是，从法理上来看，仲裁机构本身不应该有上诉机构，否则仲裁的权威性和独立性就难以建立起来；更何况，上院作为规则制定机构不应参与仲裁活动，否则就是又踢球又当裁判了。

对于这种质疑，我尝试以如下三点来辩护。下述辩护未必都站得住脚，只希望它能激起更多人的讨论。

一、上院的超级公司和下院所代表的一般公司，在商业模式和利益结构上都是大不相同的。打个极为粗略的比方，超级公司相当于"美团"，是平台型公司；一般公司相当于具体的餐馆，是产品型公司。餐馆之间在特定业务上发生纠纷时，请美团来仲裁，这种场景并不难想象，而美团也有动力去秉公仲裁，因为这是符合其利益的。如果美团不公正，让平台上的餐馆感觉很糟糕，这对美团与另一个平台"饿了么"的竞争会很不利。所以，我们并不能因为让上院做仲裁机构，就认为它天然会不公正，只要"公正"这个要求与超级公司的利益一致，那它们就有充分的动力去公正行事。

二、接受仲裁的一般公司倘若没有获得自己想要的结果，比较大的可能当然是愿赌服输，这样它们以后才能与对手继续合作；但是还有一个可能，就是它们转而去求助于国家的力量。一旦它们转而求助于国家，这就会损害商人秩序的纯粹性，这对商人秩序是个严峻的挑战，所以由上院来提供仲裁的上诉功能，便可以为商人秩序的纯粹性提供另一层保险。依照通常的法理来看，仲裁机构不应有上诉功能，但这是从规范宪法学的意义上来说；从政治宪法学的意义上来说，相较于规则的完备性，规则的存活能力更重要，一个不够完备但能存活的规则系统，要好于足够完备但不能存活的规则系统。政治宪法学首先关注的是法律（以规则决胜）与政治（以力量决胜）的边界，而不是法律内部的自洽性。政治宪法学的法理与规范宪法学的法理是在不同位阶上讨论问题的。

上院的超级公司与国家的谈判能力更强，于是它有一种"政治性"能力来界定"全球数字治理联盟"这个商人秩序的终极边界，那么它便也应为仲裁提供一种终极担保。当然，这种终极担保的法律属性也许不应再以"仲裁"来定位了，但由于我暂时想不到一个恰当的定位，姑且称之为仲裁机构的"上诉庭"，也期待有高手能给出更好的定位。

三、历史上也有过规则制定机构同时担当裁判机构的先例。比如，长期以来，英国司法系统的最高法院都是英国议会的上院。直到 2009 年 10 月 1 日，英国才设立了独立的最高法院，原因就在于有人提出议会上院不应集立法权与司法权于一身；然而这种"集于一身"的宪制结构已经运转了数百年，英国的司法独立也并未因此受到影响。其原因在于，英国的普通法传统决定了其立法机构在某种意义上是以司法性的方式运作的，也就是一种"不告不理"的被动式状态，除非社会的需求来了，否则法律机构不会太过主动地去做什么事情；上院作为立法机构，同样也是普通法的发现者，而不是法律的发明者，所以它可以作为最高法院而存在。连英国的行政机构在近代以前都有这种被动式气质，普通法的演化逻辑对英国的立法、行政、司法三大机构形成了普遍的约束。直到现代，社会变得越来越复杂，英国行政机构和立法机构不能太过被动地等着社会先动起来，其被动式状态才逐渐发生改变。这种被动式状态与成文法国家有不小的区别；从普通法国家的角度来看，成文法国家的司法系统甚至可能太过"主动"了。

我前面一直在谈的"全球数字治理联盟"应当是由公司共生演化出来的，也就是说，治理联盟本身虽然有一种人为创制的外观，但其底层的动力学逻辑却与普通法更为接近。在这个意义上，上院担当上诉庭并不必然不可行。当然，我也不是说这在法理上是没有漏洞的，但我认为这是一个值得讨论的问题。

把这三点辩护先放在一边，姑且假设我所设想的结构设计是可行的，我们就会看到，上院的超级公司为"全球数字治理联盟"提供公共品（也就是确立商人秩序与国家秩序之间的规则边界）的回报，在治理联盟的运转过程中也就浮现出来了：上院将会成为数字治理规范（包括前面提到的数据定价机制、交易规则、算法安全规则、适用于信息经济时代的隐私保护规则等）的标准制定者，相关标准对治理联盟的成员应当具有普遍约束力。当然，这个标准也不是上院的超级公司能够单方面制定的，需要在和下院的一般公司的各种博弈、谈判过程中演化出来；但是在博弈、谈判的过程中，上院无疑处在甲方地位，具有大得多的主动性。超级公司作为标准的制定者，对其商业性一面当然有很大的好处。这种种好处使得上院的超级公司有了秉公行事的动力，因为这与其利益是一致的。

说到这里，再回顾一下我在本书第二章中谈到的"超级大国"与"一般国家"在国际政治上不同的结构性位置。超级大国之间的互动基础是力量博弈，正是因为它们在博弈后形成的均衡状态，才会有对国际法的执行力，从而让规则获得生命力；一般国家则在国际法形成的规则空间中活动，不参与力量博弈。

"全球数字治理联盟"当中上院和下院的关系，有些类似于商人秩序中的"超级大国"和"一般国家"的关系。上院的超级公司有能力去和国家谈判，形成超国家的数字治理规范与国家的政治治理规范之间的权力边界；但一个关键问题就浮现出来了：治理联盟的上院面对不同国家时，谈判地位是不一样的。那些超级公司联合起来形成的上院面对"一般国家"时，谈判地位比较强；但是面对"超级大国"时，谈判地位则比较弱。

所以，当"全球数字治理联盟"形成了对成员具有普遍适用性的数字治理规范，并以此为基础与各国进行准入规则谈判的时候，更可能在"一般国家"率先打开突破口，也就是说，这些数字治理规范最初可能只针对一些特定领域、特定地区的数字秩序。但是由于这些数字治理规范中蕴含着更高的商业伦理标准，它会吸引更多的用户，而用户规模的扩大会带来边际效益递增，让"全球数字治理联盟"的谈判能力越来越强。随着"全球数字治理联盟"与全球绝大部分国家都通过谈判达成了准入协议，它最终会获得与"超级大国"谈判的能力，从而让其规范演化为全球数字空间普遍适用的规范。

谈到这里，可以把我们在前面所构想的"全球数字治理联盟"的架构简单地勾勒一下。这当然还是个很粗糙、不成熟的架构，也太过简略，其中还有大量细节需要完善，现有架构中还可能有法理上的漏洞，虽然我对此漏洞已做了部分辩护。画出这个架构图的主要目的就是提供一个可供进一步讨论的靶子。

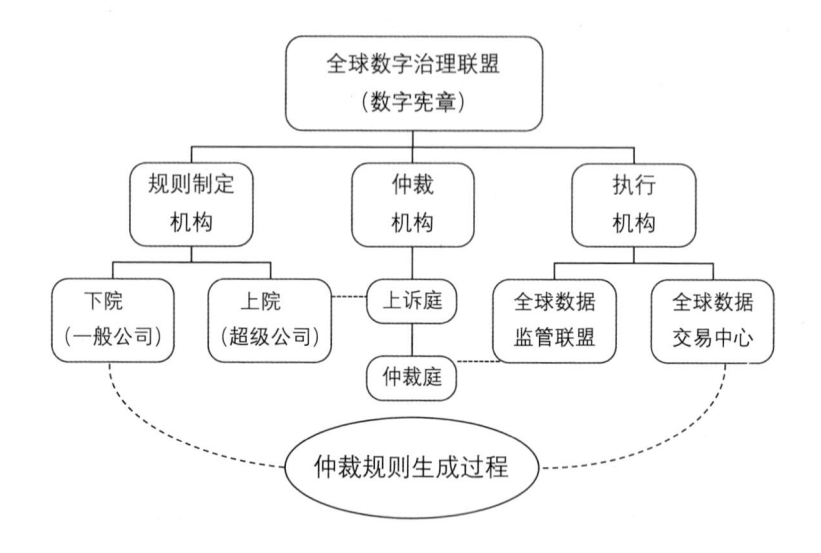

```
                    全球数字治理联盟
                      (数字宪章)
        ┌──────────────┼──────────────┐
     规则制定         仲裁           执行
      机构           机构           机构
    ┌───┴───┐      ┌──┴──┐       ┌───┴───┐
   下院    上院    上诉庭      全球数据   全球数据
  (一般公司)(超级公司)  │       监管联盟   交易中心
                    仲裁庭
                 仲裁规则生成过程
```

我在本书第九章中谈到了产业梯次的问题。信息技术产业是第四次工业革命的核心产业，电子技术产业是第三次工业革命的核心产业，重化工业是第二次工业革命的核心产业。每一次工业革命的新产业都会改造社会的需求结构，并以此力量来反向塑造此前的诸种产业。尤其是今天已经进入过剩经济的时代，市场逻辑更是由需求主导。信息技术产业会反向规定电子技术产业的产业逻辑，并由此再传导到重化工业，重塑其产业逻辑。

因此，"全球数字治理联盟"也会对中国的供应链网络形成一种外部约束。具体的传导途径可能是："全球数字治理联盟"中的实体经济公司会与各种虚拟经济公司在治理联盟的规则框架下博弈，同时这些实体经济公司又与制造业供应链直接对接，博弈的结果会由此直接传导到供应链上，对其形成约束。到了这一步，"全球数字治理联盟"由于超越国家的"非政治化"特性，也会传导出供应链的"非政治化"效应。第三章中提到的中国供应链"非政治化"以及中国与世界再建立信任关系，也就有了基础。

数据交易中心该设在哪儿

在讨论"全球数字治理联盟"的治理机制时，还有个很具体的问题：作为其制度基础设施的数据交易中心的服务器，以及数据交易中心和数据监管联盟的注册地，在物理意义上应当设置在哪里呢？治理联盟中的超级公司未来大概率会是中美两国的公司（可能还有潜在的印度公司以及数据监管商的超级巨头），中美两国的公司也是各擅胜场。全球数字治理联盟可能会是未来全球经济秩序运转的轴心，中美两国都会非常在意其制度基础设施是否设在本国，尤其会关注其服务器会设置在哪里。结果就是，如果设置在美国，中国很可能会不放心；如果设置在中国，美国也很可能会不放心。也就是说，放在中美两国中无论哪个国家，都无法解除人们对全球数字治理联盟会"政治化"的担忧。

这种局面可以和近代历史上的一个事件做类比。19世纪末期，欧洲列强瓜分非洲的时候，整个非洲资源最富饶的一块殖民地是刚果（金）。我曾经去过那里，资源的丰富程度让我目瞪口呆。当时德国和法国都想得到这块殖民地，但如果德国占了，法国会不放心，如果法国占了，德国又会不放心；最终的结果就是，只有把这块最肥的殖民地交给一个人畜无害的第三方小国——比利时，列强才能放心。

由此我们可以做一个猜想：数据交易中心和数据监管联盟的注册地、服务器可能会出现在中美之外一个人畜无害的第三方地区。而且，由于这两个机构都是以公司为主角建立起来的，它们需要尽量屏蔽政治的影响才能真正发挥其作用，所以大概率会建立在自由商业城邦。

它们可能会在新加坡，可能在迪拜，可能在冰岛，甚至还可能在拥有丰富水电资源的刚果（金）的英加水电站附近，因为它们的服务器会是高能耗的。

迪拜这座城市很有意思，城中有几座大楼内的各种活动都适用普通法，楼外其他地区则还是适用阿联酋当地的法律。迪拜就是要以这几座大楼为基础，对接英美资本秩序，努力把自己打造成伊斯兰世界赖以衔接西方世界的金融中心。

这同样可以给我们打开脑洞：要建立数据交易中心和数据监管联盟，可能需要建立一些特别司法区、特别领事区，这些地区适用的是"全球数字治理联盟"的诸多成员公司基于"数字宪章"而打造的法律系统。未来更有可能的是，在发展初期，世界上出现不止一个数据交易中心和数据监管联盟；基于市场竞争过程，几个中心和联盟之间会逐渐演化出更具普遍性的"数字宪章"。

政有政策，商有商策

在贸易战中，各国的很多公司都因商业问题被政治化而备受困扰，这种处境很可能会成为它们合作并推动建立"全球数字治理联盟"的动力机制。

我们可以先看看华为和谷歌的两个案例，便更容易理解这个问题。

2020年5月23日的《经济学人》上发表了一篇文章，讨论美国对华为的各种禁运政策的实际效果问题。2019年5月16日华为被美国列入"实体清单"，任何公司想要出口美国产品给华为，都必须获得许可证。然而，美国发现管制效果微乎其微，因为虽然芯片业是由美国所主导，但其制造过程已经全球化：在全球最大的十几家半导体公司的工厂中，只有20%把生产基地设在美国。所以华为便通过更换供应商以及从美国公司的非美国工厂采购来应对管制；这些美国公司也有动力利用管制规则的漏洞，继续给华为供货，因为没有谁愿意轻易丢掉自己的大客户。于是，一年后的2020年5月15日，美国进一步规定，使用了美国的软件和技术的产品，未经许可都不能卖给华为。但那篇文章告诉我们，华为及其供应商仍然有各种办法来应对。比如，华为可以请第三方制造商代为完成华为的生产，供应商直接发货给第三方制造商即可，华为自始至终都不必接触被列入禁运名单的芯片。一位与美国软件和技术制造商关系密切的人士说，他们中的一些人正在考虑将专利转移到国外，以便在美国管辖范围以外的地方重建业务，以规避目前和未来的出口限制。

　　从华为及其供应商的各种应对办法中可以看出，"管制"本身是个政治问题，但是在具体操作中，相关公司都会把它转化为法律问题。2019年，美国规定未经许可不得出售美国产品给华为，于是问题就转化为"什么是美国产品"，至少美国公司在海外工厂生产的产品是被排除在外的。2020年，美国规定使用了美国的软件和技术的产品的生产商都不得供货给华为，试图堵住前述漏洞，但问题又进一步转化为"什么是供货给华为""什么是美国的技术"。如果供货商和华为达成关于第三方制造商的默契，那供应商就不是"供货给华为"了；如果美国供应商非常重视华为这个大客户，也可以在第三国注册一个公司，把技术专利转让给这个公司，那这项技术就不再是"美国的技术"了。美国政府很可能还会进一步出台更严格的管制政策以便堵上这些漏洞，但这些公司还是会把政策转化为新的法律问题以绕开管制。

　　2020年8月17日，美国商务部又进一步升级了对华为的限制，"实体清单"中新增了覆盖21个国家/地区的38家华为子公司。美国商务部明确表示，新措施的目的就是阻止华为规避此前的规定。我们做个极端的假想，美国不断加码的限制最终真的击垮了华为，但这并不意味着它会击垮中国的相关产业。我们前文提到过：美国的芯片等产品如果不与中国的中低端制造业相结合，便无法变成消费者可以用的终端产品。而在可预见的未来，还没有哪个国家能够替代中国的中低端制造业能力。所以，美国的手机芯片即使不卖给华为，也仍然需要卖给小米等厂商，基站芯片即使不卖给华为，也仍然需要卖给中兴等厂商。华为如果真的被击垮（当然我们并不希望看到这个结果），它这么多年储备的人才会被其他公司或产业组织起来，也可能会涌现大量的创业公司，它们照样会很有活力。中国的某些公司可能会死掉，但中国的相关产业仍会有生命力，不过这些产业会演化出新的经营逻辑，它们会努力通过一些机制安排，尽可能地规避来自各方面的政治性影响，以免重蹈前人的覆辙。

谷歌公司也有过很有意思的故事。智能手机两大系统之一的安卓系统是谷歌开发的，但由于安卓是开源系统，发展至今的版本已经包含大量其他厂商的代码，谷歌是无法也不会就安卓系统向手机厂商收费的。谷歌便要求所有安卓手机的生产厂商捆绑预装谷歌移动服务（GMS）、谷歌搜索以及Chrome浏览器。安装这三项也都是免费的，谷歌通过这几项服务，可以全方位掌握手机用户的各种数据入口，这样一来"羊毛出在狗身上，猪来付费"的商业逻辑才成立。但是在欧盟看来，谷歌的要求涉嫌垄断，于是开出了巨额罚单，并要求谷歌不得强制手机厂商捆绑预装这三项。

　　谷歌便在2018年10月20日宣布，不再强制捆绑这三项，但是手机厂商再安装GMS时需要付费，每台设备的授权费最高达40美元，这对微利的手机厂商来说是天价。而各种APP的开发者都对GMS形成了路径依赖，需要通过GMS完成APP的分发销售；如果没有APP生态的支持，智能手机就是一块砖，所以要在欧洲销售的手机厂商是没法绕开GMS的，无论如何都得装。手机厂商可能因此陷入巨大困境。但谷歌同时宣布，手机厂商可以选装谷歌搜索和Chrome浏览器，如果选装了这两项，谷歌会再返还一笔费用，刚好等于GMS的授权费。手机厂商当然全都会"选装"那两项，这样谷歌既服从了欧盟对垄断的管制，又仍然保证了事实上的垄断地位。欧盟的规定几乎一无所获，唯一的收获就是，手机厂商支付授权费和谷歌返还费用，这两笔交易不能相互冲抵，必须真实发生，于是欧盟可以在两笔交易中收到一点税。

　　华为和谷歌的故事都让我们看到，虽然商业公司受到很多政府管制，但它们有动力也有技巧绕开这些管制，就看各大商业公司能否相互配合了。一方面，政治和法律之间有着较大的操作空隙，这种空隙本质上是无法被政治封死的。正所谓，上有政策，下有对策。而今天的情况是，政有政策，商有商策。因为政策要获得可操作性，必须被表达为一些具体的规则；而只要是规则，就可以被转化为法律问题来应对。另一方面，虽然各个公司都可以在政治和法律的空隙找到生存之道，但这毕竟增添了大量的额外成本，以及各种不确定性。无论被卷入的公司来自哪个国家，都会希望尽可能规避这些不确定性。

本书第三章中谈到了，在当今世界，由于政治空间与经济空间的日益分离，生产流程已经是高度跨国性的存在，这使得分属不同国家，但嵌在同一个大生产流程中的不同公司，有了寻找共同规则空间的需求。这些公司有着深刻的共同利益，也就有动力在政治空间之外建立一种超越于国家的规则空间，结成商人自治秩序——这会是一种天然的"非政治化"的秩序。华为和谷歌的案例当中各种政治问题被转换为法律问题的操作，则证明了建立这种规则空间的可行性。"全球数字治理联盟"有可能就是商人自治秩序在未来的一种实现样态。

各国有着深刻共同利益的公司，应当共同推动类似于"全球数字治理联盟"这样的商人秩序的建立。它们应当协同合作，先务虚地讨论起这个问题。只要这个问题开始进入讨论视域，人们对很多问题的理解，以及对政治、商业和未来的预期，便都会发生改变，很多事情的演化也会获得新的动力。

从务虚的观念，发展为现实的实践，这样的转化过程在历史上也并不鲜见。

19世纪初期，德国还不是一个统一的国家，内部是很多个独立的封建小邦国，邦与邦之间的税务关卡多如牛毛，把德国这片土地上的市场分割得非常细碎，没法形成合力来发展工业经济。德国经济学家弗里德里希·李斯特对此非常忧虑，他便联合另外一些人极力呼吁，要成立德意志关税同盟，打造一个属于德意志的经济空间。他的呼吁在1834年成为现实。德意志关税同盟让德国早于政治统一近40年便实现了经济统一，这对德国经济的发展，乃至后来德国的政治统一，都起到了重要作用。

李斯特的努力依托于其民族主义经济理念，这种理念在今天应当被超越了，本章所讨论的"全球数字治理联盟"、商人秩序等都是对民族主义的超越。然而，李斯特的努力背后所反映出的历史逻辑，在今天仍然有启发意义。

有一个说法叫"知识的诅咒"，就是说当一个人知道一件事后，他就无法再去想象不知道这件事的样子；我们把这句话反过来说就是"知识的祝福"，当一个人展开了对世界新的想象方式，世界就再也不会是原来的样子。因为，世界是什么样子，首先取决于我们如何想象它。譬如大海究竟是天堑还是通途，这与大海的物理属性没有关系，只与人们如何看待大海有关。如果人们认为大海是天堑，就不会尝试到海上去远航，不会往海洋上投放什么资源，大海就真的会成为天堑；如果人们认为大海是通途，就会尝试到海上去远航，会往海洋上投放各种资源，大海就会真的成为通途。对"全球数字治理联盟"这个务虚问题的讨论一旦开启，"知识的祝福"很可能就会降临。很多人都在说新冠疫情已经让世界回不到从前了，那么何不让知识祝福我们走得更远！

商人秩序的基本原则[16]

我在2020年年初出版的《溢出：中国制造未来史》一书中谈到过对商人秩序的假想，当时尚未进入关于"全球数字治理联盟"的思考，更多的还是从制造业角度出发展开的思考。该书出版之后的大半年里，全世界人民几乎啥都没干，光忙着"见证历史"了；我和大观学术共同体的同人们一边见证历史，一边持续讨论，关于"全球数字治理联盟"的假想便逐渐浮现出来。这种假想把信息技术产业和各种传统产业整合在一起，对商人秩序的构想进入了更深的层面。

不过，此前我们对可能的商人秩序的一些基本原则的讨论仍然成立，而且这些原则会是"全球数字治理联盟"可能的治理机制所依赖的更底层的制度逻辑。下面我就大致转述一下《溢出》一书中的相关讨论。

所谓商人秩序，首先就需要商人自治，而自治就必须有制定自我治理规则的能力和判断及执行规则的能力（对应着政治中的立法、司法、行政三种权力）；对新的商人自治组织来说，还必须恰当安置它与主权国家之间的关系。

由此就可以推导出商人自治秩序的一些基本原则。

第一，跨国运作的各种公司应该形成一种联合机制，在既有的国际经济治理已然失效之处，发展出自治性的组织。我姑且称之为"商会同盟"。同盟成员需逐渐商谈、演化出可被普遍接受的行为规则。实际上，相关的行为规则已经有不少，但它们并未获得自觉，也就无法被系统地整合为一个体系，而更多是零散、偶然性的存在。未来，公司和商人应该朝这样的一种同盟及"规则自觉"的方向迈进。

第二，这个商会同盟应该设立执行委员会和仲裁机制。之所以设立的不是司法机制，是因为商会同盟无法拥有强制执行权，否则它就变成某种意义上的国家了。而仲裁无须强制执行，商会同盟只是提供第三方裁判权，从而为争议双方提供一种正当性的判断标准。这有些类似于瑞典的斯德哥尔摩商会仲裁院的功能；但基于新的技术和经济逻辑，商会同盟很可能会发展出一种新的仲裁机制。争议双方应自觉履行仲裁裁决，如果有一方拒绝履行，商会同盟的执行委员会便有权发出警告、进行罚款，乃至将其开除出同盟。

第三，被开除出同盟会有实质性的威慑力，是因为同盟资格会给成员带来一系列商业上的好处，包括在同盟内更便捷的融资渠道、更低的交易成本，以及对用户而言更高的品质和信誉的象征——最后一点尤为重要。对品质和信誉的追求应当是商会同盟的道德基础所在，只有具备了道德基础，同盟本身才是可持续的，对盟外成员也才有吸引力。由此，商会同盟可能是新的技术条件下，新的商业伦理的孕育之所，它可能会发展为一个商业-伦理共同体。

第四，商会同盟可以通过一系列制度设计，形成资本额与投票权之间的成比例关系，从而克服现有多边组织中权责不对等的困境。

现在我们可以看到，诸如 WTO 之类的多边组织运转得非常艰难，原因之一就在于权责不对等，这导致大国不愿意配合，小国没能力推动。如果我们以国家为单位来思考国际秩序，就会发现：小国天然地有进行多边外交的渴望，因为如果小国和大国进行双边外交，那么大国是毫无悬念的甲方，小国基本上只能屈居于乙方的位置。而一旦进入多边外交的秩序，大国的优势地位马上就被多边结构约束住了，所以即便是靠双边外交就能解决的事情，小国也渴望把这类事情放到多边平台上来处理，以改善自己的不利地位。问题也就出在这里。多边组织的民主特征是靠投票来呈现的，但小国的票数和它们在国际秩序中的利益关联度，并不成比例。这就好比小区里的业主委员会在投票时会有一个要求，那就是你的投票权重，应该跟你所拥有的物业面积之间成正比例关系。但在各种多边外交组织中，小国在数量上占绝对优势，而它们在国际事务上的利益关联度和它们所拥有的票数之间并不对等。这就让小国经常会因为自己的一些想法而扰乱议程，使得实际议程经历大量冗长无效的波折。同时，由于各个成员国彼此价值观不一致，大国也可能会收买小国，让投票结果更有利于自己，结果就是，多边组织本身的决策经常仅仅是基于偶然结成的利益关系，而不是稳定的价值观输出，这也就让多边组织的行为进一步背离发起国的初衷。

这样的困境，在商会同盟中是可以避免的。由于商会同盟的伦理性出自实践世界中商人自治的过程，而且会通过仲裁机制不断自我净化，也可以克服现有多边组织中价值观不连贯的困境。如此一来，商会同盟便具有一种中立性。

这种中立性对国际秩序有着至关重要的作用。因为实际上今天有大量的国际政治争端源于国际经济争端，但"封装式思维"往往让人看不到这一点。商会同盟天然地能够穿透各种边界，直击这些争端的本质，并提出足够中立从而具有道德可信性的解决方案。所以，商会同盟不仅对各个国家、各种组织所提出的一系列诉求应该是中立的，甚至对商人追求利润的冲动也应是中立的。这实际上会形成一种商人自治的道德诉求，这种诉求还会在相当程度上抑制跨国大公司利用国际税务漏洞及其他机制而获得的各种不对称竞争优势。

第五，商会同盟提供的种种规则和仲裁机制，不应该也无法成为对现有的主权国家主导的各种机制的替代，而应是在不同维度和层次上的开创。当然，两者之间会有不少交叉重叠的部分。在这些部分，两者也不应是替代性的关系，而应该是一种竞争性的关系。这有些类似12世纪亨利二世在英国进行的普通法改革，他在传统的贵族司法系统之外设立了一套国王司法系统，两套系统彼此竞争，民众可以自主抉择到哪套系统下去诉讼。这种竞争关系让两套司法系统不断从各种层面上努力优化自己的公正性，形成了一种良性发展。

商人自治秩序在中世纪的欧洲曾经有很大的影响力，那就是鼎盛期持续了200多年的"汉萨同盟"。前面所说的商会同盟，我们姑且称之为"新汉萨同盟"。在新的时代条件下，它是商人秩序重回历史前台的一种可能性。与几百年前的汉萨同盟相比，它可能在以下几个方面体现其"新"：

一、时代新。它出现在新的技术条件和新的经济逻辑下，不是在政治秩序的夹缝处生长出来的，而是被现实环境的需求驱动出来的。因此，它不会和国家在同一种空间秩序中竞争，而是直接进入另一种空间秩序。

二、样态新。老汉萨同盟要打造的是一种"内部平等、外部垄断"的商人秩序，新汉萨同盟要打造的则是一种竞争性的商人秩序。同盟成员相对于非同盟成员的优势不是通过垄断贸易获得的，而是通过更优的信誉与品质赢得的。

三、机制新。新汉萨同盟的组织机制，应该匹配第四次工业革命的信息技术所需求的分布式组织结构。这样一种组织结构正适合在基于自生秩序的商人世界中发展，而不适合在基于集权秩序的政治世界中发展。

四、方向新。新汉萨同盟的中立性特征，使得那些根植于国际经济问题的国际政治争端，可以获得新的、有道德可信性的解决方案。在这个意义上，新汉萨同盟会以更深刻的方式回应经济空间与政治空间错位的问题，为很多目前看起来似乎无解的国际政治问题提供新的出路。新汉萨同盟很有可能成为人类未来秩序逻辑的一个重要探路者。

"全球数字治理联盟"、商人自治秩序的出现，可能会推动人类秩序回归到"商业的归商业，政治的归政治"的状态，让这个世界不再那么政治化，从而使民粹主义的狂热逐渐冷却下来。各国之间也就更有机会重建信任关系。

在信息经济时代，由于互联网经济强烈的头部效应，贫富分化可能会日趋严重。而"全球数字治理联盟"、商人自治秩序所依托的商业伦理，既会给治理联盟带来精神凝聚力，又可能构成全球分配正义的新制度基础，并由此演化出信息经济时代的个人权利的重要内涵，从而构成未来人类秩序的一个基础。接下来，在本书的最后一章中，我们将会讨论这个问题。

第十二章
信息技术时代的全球分配正义

  2019年，美国两党为准备2020年大选展开了党内预选，民主党内出现一匹黑马，华裔候选人杨安泽。杨安泽的竞选理念中，最吸引人眼球的主张是发放全民基本收入（Universal Basic Income，简称UBI）。他提出，每个18岁至64岁的美国人，每个月都可以无差别地获得政府发放的1000美元收入。他把这笔钱称作"自由红利"（Freedom Dividend）。

  这种主张初听上去非常社会主义，很难想象是美国的总统参选者提出来的，但扎克伯格、马斯克等美国企业界大佬却对杨安泽的UBI方案表示了支持。原因在于，杨安泽并不是基于意识形态主张，而是基于对信息技术时代的理解而提出这种方案的（下称"杨安泽方案"）。

  在他看来，机器与自动化已经夺走了数百万美国人的工作。据麦肯锡公司的研究，到2030年，可能有三分之一的美国人会因此失业。因此，美国蓝领工人失业的根本原因并不是中国对美国的替代，而是机器对人的替代——这种替代在不远的将来也会在中国出现。据统计，美国的失业工人只有15%的机会通过再教育或者再培训获得新的工作，杨安泽举例说，"将煤炭工人再教育成软件工程师"显然是不现实的。

这差不多就是我在前面两章谈到的问题，在信息经济时代，可能是5%的人生产，95%的人消费；不过这95%的人未必是不想生产，而是没有工作的机会，因为工作都被机器人做了。那么问题就来了，这95%的人没有收入，靠什么来消费呢？如果他们没有消费能力，那5%的人生产出来的产品也卖不出去，经济不也就循环不下去了吗？

杨安泽方案的可行性

杨安泽因此便提出UBI方案。新的问题又来了：首先，每年向国民无条件发放的这笔钱从哪里来？其次，就算找到了钱的来源，凭什么将其拿出来分给国民？这种"劫富济贫"的行为的正当性何在？最后，国民无条件拿到这笔基本收入，不就没有动力再去工作了吗？这会败坏社会的基本道德，也会败坏经济未来可持续发展的基础。这三个问题是杨安泽必须面对和回应的。

先说钱从哪里来。杨安泽提出,美国应当开始征收增值税,以此替代所得税。目前美国没有增值税,第一大税收来源是所得税。但是杨安泽认为,所得税过时了,因为越来越多的机器人替代工人,导致没有什么所得税可以征收;而富人和大公司又总是有各种办法避税。所以,随着时间的推移,增值税将变得越来越有必要。增值税是对商品生产、流通、劳务服务中多个环节的新增价值或商品的附加值征收的一种流转税,只要业务发生在美国,就要缴纳。至于增值税具体如何覆盖 UBI 方案的所需,杨安泽有一整套计算办法,和我们想要讨论的问题关系较远,这里就不展开了。

再说拿这笔钱的正当性。在杨安泽看来,大公司和富人擅长转移资产以避税,比如亚马逊、谷歌和其他巨头公司,因为其采用了大量自动化和互联网技术,让美国很多传统产业消亡,导致人们失业,巨头公司却将大部分收益存在海外,在美国缴税极少;这些公司从技术进步和社会结构转型中受益最多,却给社会带来很多衍生性问题,又没有为此付出应承担的份额的钱。所以,"自由红利"就应该由它们来支付,通过征收增值税,确保大型科技公司支付其应付份额,相应地,美国国民也可以从科技公司数万亿美元的交易中得到一小笔应得份额的钱。

国民拿到这笔钱是否会不再工作,进而腐蚀经济发展的基础呢?杨安泽称自己的理念为"人本资本主义"(human capitalism),它有几大特点:人比钱更重要;人本资本主义经济的基本单位是每一个人，而不是每一美元；市场的存在是为了服务我们的共同目标和价值观。杨安泽认为这会是一种全新的、更具持久性的经济模式，UBI方案正是通往它的第一步。过去那些处在不利状况的人可以领取福利，比如，美国中西部铁锈地带有大量工人一直以工伤残疾的名义领取福利救济；一个人以这种名义领取福利之后，就不愿也不能出去工作了，否则就证明了自己身体没问题，是在冒领福利。也就是说，因为自己的不利状况而领取福利的人们，为了能继续享有福利，就必须始终保持这种不利状况。这是一种非常负面的社会激励。而UBI是无条件获得的，这是一种正面的社会激励。UBI方案不仅能给人们提供基本的安全保障，还能让人们更有能力去承担风险，从而更愿意去冒险创业。这对经济的可持续发展是更有价值的。

因此，面对信息技术时代的秩序变迁，杨安泽方案是一种有想象力的回应。它直面了95%的人可能失去工作这一事实，通过UBI方案解决了消费能力萎缩的问题，并且打开了一种更加积极的未来。我们从中也可以看到上一章所说的，与工业经济时代相比，信息经济时代的个人权利会发生深刻的变化；随着技术条件的变化，工业经济时代的产权意涵也需要发生改变了。

这个方案目前还处于脑洞阶段，要实现它，需要解决的问题仍然很多，但它无疑勾画出了一个值得深入探讨的方向。一旦将其与上一章所讨论的"全球数字治理联盟"联动起来，我们就看到了后者的伦理基础，还可以在此基础上开出更多的脑洞。

让每一次深蹲都变成你的收入

我们在前面的章节谈到过，数据是信息经济时代的石油，埋藏在全世界所有连通了互联网的网民身上。那些大型互联网公司将这些数据拿去使用，并因此获得了很多超额利润，它们就是这个时代的"数据炼油公司"。

比如，互联网公司重新定义了广告业，取得了传统广告商无法想象的效率和利润。广告主打广告时，最关注的问题是，我投放一次广告能转化为多少收入？传统的广告业是通过电视、报纸等媒体不定向地广泛撒网，看到这个广告的人中可能只有1%是对该产品感兴趣的，而愿意付费的可能是这1%中的1%。广告商投放广告时，实际上传播了大量的无效信息，但是由于它无法精准投放到目标用户那里，便只好这样做；广告主因此也为无用的工作付了很多费，这些都是要通过那万分之一的有效传播来回收的。广告业有一句话"我知道我的广告费浪费了一半，但不知道是哪一半"，说的就是这种情况。

各种互联网公司，比如视频网站、购物网站、门户网站、搜索引擎，以及今天的各种APP开发商，基于用户日常的搜索和消费等习惯大致掌握了用户的喜好，可以定向精准推送广告；而且由于互联网上可以呈现的广告位库存近乎无限，基于用户的每一次搜索，这些网站或APP都可以给出一个定制的页面和广告位。如此一来，互联网公司的广告推送，覆盖的人群不一定比之前多，但是付费的转化率却可能高了很多倍。在这种情况下，广告主付出的无效费用大大下降，也就愿意为有效转化做更多投放。

于是，在与传统媒体播放量相同的情况下，互联网公司可以收到更多的钱。而相当一部分原因是，这些互联网公司免费使用了用户的数据。按理说，用户对这些数据都应该拥有所有权，但是此前没人知道这种新兴事物的产权该如何界定；在以前的技术条件下，就算知道了产权该如何界定，也没有好的技术办法能在实践中对权益边界进行清晰的划分。结果就相当于，在互联网公司收到的更高广告费中，有一部分本应属于用户，这就是经济学上的"租"，它被互联网公司免费获取了。互联网行业中"羊毛出在狗身上，猪来付费"的商业逻辑，实际上也相当于互联网公司获取了那一部分"租"。

随着技术的发展，人们开始能够对各种活动所产生的数据的权益做比较清晰的界定了，各种行为都可以在区块链上被记录下来，数据有了清晰的产权归属。接下来，就可以要求使用这些数据的公司付费，用户和公司可以在区块链上签订电子合约，针对不同的使用行为，可以有不同的付费机制；公司的使用行为也会在区块链上留下记录，之后就是一个自动支付的过程。

随着5G时代、物联网的展开，区块链上的数据记录和智能合约的自动执行，可能会变得越来越广泛。到时候就不光有现在的互联网公司参与其中了，各种公司都会普遍互联网化。随着这些公司相互之间展开竞争，很可能会有公司主动推出类似前述的智能合约，它会率先获得更多用户，其他公司也就得陆续跟上；用户原来被免费拿走的"租"，就开始被返还，成为用户的收益。杨安泽方案当中的"自由红利"需要通过国家征收增值税来实现，我们刚说的这种方式则基于一种商人秩序自动实现了各种"红利"，"全球数字治理联盟"完全能够以此作为自己的商业伦理基础。

这个说起来有些抽象，用一个具体的例子来解释就容易理解了。

可以想象一下，有一个酷爱运动的年轻人小强。他为了科学健身，买了一个智能手环，在手机里也安装了相应的APP。小强的各种健身活动所产生的数据，都可以通过区块链被记录下来；所有数据都对应于具体的应用场景，并且可以明确每个应用场景下的数据所对应的产权归属。产权归属被明确之后，小强健身的数据就具备了可交易的价值。

具体的交易过程可能是这样的。比如，小强用的健身APP所属的公司和安踏、耐克、锐步等体育公司都签了约；小强在安装APP的时候，会看到这几个公司的协议弹出来。安踏的协议里明确表示，你的快跑、慢跑、山地跑、公路跑等不同应用场景下的数据，都会给安踏公司未来研发的新跑鞋创造价值，如果你同意我们使用你的这些不同场景下的跑步数据，我们可以分你一部分利。

小强看完安踏的协议后，又去看了看耐克和锐步的协议，他发现摆在自己面前的是三种不同的数据使用协议。安踏的协议条款是：用户每分享1公里的跑步数据，安踏就分享5分钱；用户坚持打卡分享2年，即可能获得1次海南三日游的机会。耐克的协议是：用户每分享在跑步机上跑1公里的数据，耐克公司就分享8分钱，但是啥也不送。锐步的协议是：用户每分享400米短跑的跑步数据，锐步就分享6分钱；用户连续分享1年，即可获得一双锐步最新款的短跑鞋……

总之，不同的合约各有特色，不同的产品要迎合用户不同的需求。同样是跑步，不同应用场景（长跑、短跑、山地跑、跑步机、公路跑）下的不同数据也可能有不同的付费标准。小强可以根据自己不同的健身规划，选择不同的合约；商家也会在诸多个性化的合约中给小强提供不同的分红机制。也可能小强对这几个公司的协议都不满意，还可以不选这个APP，再去看看另一个APP，那个公司可能与其他厂家签了更适合他的协议。当然，还有可能是运动鞋厂家自己开发了APP，小强买鞋的时候会先去看一下其APP的协议内容，再决定买什么鞋。

在具体的商业操作中，不同的运动品牌还可能和健身房达成合约，比如做深蹲鞋的厂商可以在深蹲架旁放不同型号、不同款式的深蹲鞋，以根据用户的实时数据来改善深蹲鞋的功能。小强练习深蹲的时候，就相当于在为做深蹲鞋的厂商提供数据，小强就有机会从中谋利……如此一来，小强再去健身房练习深蹲，就可以用自己的数据赚钱了；而健身房也可以在这个过程中获得相应的分红。

这些过程中返还的，很可能不是现金，而是数字货币。数字货币本身就是区块链的一种应用形式，所以整个过程是无缝链接的。小强每冲刺跑400米、长跑1公里、深蹲20次，他的电子账户中的数字就会自动往前蹦。这些数字货币不会仅仅是运动鞋厂家的记账单位，它完全可以是实实在在的一般等价物，可以用来购买其他商品。这样一来，小强的各种活动所产生的数据就变成了他的收入，将来有一天甚至会发展为数据的"货币化"。小强口渴了，只要做20个深蹲、上网打半小时游戏，或者仅仅是打开某种手环睡上一觉就会产生数据，从而获得货币去买一瓶可乐；而他去哪个小卖部买可乐这件事情本身也能产生一系列数据，这又能挣到别的钱。

小强是否愿意签那些合约，是由他自己决定的。他可能出于隐私保护的考虑，不愿跟运动厂商分享数据，就不签合约，当然也就不会获得数据分红。反之，如果小强想既健身又赚钱，就需要贡献一些数据。

此时又涉及隐私保护问题。比如小强只想和安踏公司分享自己跑步公里数、心率和热量消耗方面的数据，但并不想让安踏知道自己经常在哪个时间段、什么地点跑步这类隐私数据。此时就需要一种算法机制，能识别出什么数据是不可以被提取的。被提取的数据会被如何应用，又会被转化成什么具体产品——数据的提取和应用过程都必须是可追溯的，最初的合约都可以提供具体勾选选项。而基于小强愿意提供的不同的数据结构，他由此获得的收益也是不一样的。随着隐私算法的发展，刚刚说的这种数据筛选及保护功能要实现起来并不复杂。

当然，小强的这个例子纯粹是为了开脑洞。小强通过健身所提供的数据太过均质化，对体育用品公司来说，其边际价值非常低，所以在未来的真实过程中，小强通过深蹲换可乐不大可能真的发生。但是我们完全可以想象，在更复杂的应用场景中，边际价值更高的数据类型可以获得真实有效的分红。这种分红过程在相当程度上还会刺激更多的创新，因为创新就会产生新的边际价值更高的数据，从而获得额外的激励。

随着这种分红的展开，一系列法律法规也会随之逐渐发展成形，信息经济时代的个人权利会在这个过程中逐渐完善起来。那些一直在免费给大公司贡献数据资源的人，获得了从数据红利中分得一杯羹的机会，这就有机会形成数字经济时代的分配正义。

这样的分配过程还可以体现在各种活动和场景当中。比如在粉丝经济领域，我们也可以开一番类似的脑洞。很多粉丝为明星做了很多事情，明星也从中获益，因此获得更多的产品代言机会。粉丝的活动原本是很难被量化为具体的价值的，也没有相应的分利机制；但如果粉丝投票的过程可以通过区块链被记录下来，那么明星也就可以具体地与粉丝进行广告代言费分红。粉丝有机会在追星过程中获得收益，这样的明星会吸引到更多的粉丝。区块链还可以对正常的投票行为和恶意刷票行为进行标记，从而驱除很多糟糕的炒作行为，一种正向的循环机制也就建立起来了。

不妨试着想象一下，将这种分配正义的思路推广到整个国家。今天沿海地区的人的赚钱机会远远多于大凉山等内陆地区的人，但是在一些相同应用场景的数据上，沿海地区的数据和内陆地区的数据的价值差距可能并没有那么悬殊。人们曾经惊呼互联网带来了"数字鸿沟"，在"数据分红"的逻辑下，新的财富分配机制出现了，"数字鸿沟"以某种方式被超越了。

再将这种分配正义的思路推广到全球，一个更有趣的未来将会出现。我在前两章谈到，在数据经济时代，只有中国和美国（还可能有印度）有机会产生"数据炼油厂"。非洲国家虽然没有"数据炼油厂"，但它们同样在产生有价值的数据。中美两国的"数据炼油厂"也可以和非洲国家的民众签订类似的数据使用和分红协议。愿意主动提出并签订数据分红协议的公司，有机会获得更多用户，其他公司也就会被迫跟上，这种机制便会逐渐扩展开来。从而，一种新的全球分配正义机制也开始浮现出来。

前面所说的基于区块链进行数据分红的机制，是一个非常理想的前景，要想成为现实，可能还需要相对较长的时间。但是有一种做法可能在未来几年里就能实行。"全球数字治理联盟"一旦形成，它与亚非拉的某个后发国家进行商务准入谈判的时候，设计出某种适用于该国的数据分红方案，从而获得良好的准入条件，这种可能性是完全存在的。甚至在"全球数字治理联盟"还没有形成的时候，有些富有想象力的大公司可能就已经开始这么做了。只要有了几个示范性的案例，其他公司就可能会陆续跟上，因为这会为自己带来更好的声誉，更有利于其市场竞争。

新经济伦理：以"数据分红"超越"数字鸿沟"

上述各种"数据分红"的逻辑，在技术层面需要精确的权益界定，在规则层面需要一种恰当的数据安全监管机制，在市场层面需要一种价格发现机制。"全球数字治理联盟"下设的全球数据监管联盟，提供了恰当的数据安全监管机制，全球数据交易中心则提供了价格发现机制。因此，治理联盟不仅是商人为了规避各种政治因素的干扰而建立的一种机制，它还有着积极得多的伦理价值。治理联盟可以让先发国家/地区与后发国家/地区之间的"数字鸿沟"被"数据分红"所替代，为未来人类秩序的伦理基础找到制度前提。

学界近年来对此也有了一些非常有趣的思考。美国普林斯顿大学经济学博士、现任微软首席研究员 E. 格伦·韦尔与他的学术伙伴们在推动关于"激进市场"的思考，[17]其中对传统经济学范式提出的一系列反思极富启发性。在美国媒体上也经常会看到人们把韦尔的思考与杨安泽方案联系起来讨论，可以说韦尔的理论为杨安泽方案提供了重要的经济学支撑。

韦尔提出,传统经济学通常都会假设"完全竞争"的市场的存在,但是现实中很少有市场是这样的。因为"完全竞争"有个预设前提,就是市场上有大量的均质性商品供给,但除了类似于谷物这样的大宗商品,"大多数个人和企业参与的市场更像房地产市场。工厂、知识产权、公司、绘画等都是异质性高、独一无二的资产。在诸如此类的情况下,完全竞争的假设并没有多大意义。"[18] 在工业经济时代的个人权利下,人们以私有产权的法律来清楚界定商品的产权边界,从而提高交易效率;然而,在韦尔看来,由于大多数商品都是非均质化的,对每一个特定商品的产权界定都可能带来某种意义上的垄断。比如,任何两个房子都是不同的:即便它们在同一座楼上的同一个单元,地段、户型都一样,但由于楼层的差异,它们的采光和视野也不一样。假如咱们俩都看中某个特定的房子,我先下手了,你就没机会了,世界上再也找不到同样的房子,我对这个房子就形成了垄断。

只要有垄断,就会存在供给不足的问题,买卖双方就会形成不对称的谈判地位。卖方因其优势地位,在交易过程中就可以获得某种溢价,这种溢价就是经济学上的"租"。在韦尔看来,传统的经济学逻辑以及由此形成的产权逻辑,就会形成垄断,导致这种"租"的存在;这是市场的力量仍未触及的地方,会导致社会净福利的损失,也伤害分配正义。因此,应当通过税收把这些"租"收上来,再作为公共福利返还给社会。

经典自由主义者可能一看到通过税收来把"租"收走的建议，马上就急了。但是别急，韦尔非凡的想象力就在于，他继续追问："租"的价格该如何发现？"租"的价格是从属于商品价格的，要发现"租"的价格，就需要先发现商品的公允价格。公允价格并不是指完全竞争条件下的市场价格，因为完全竞争条件并不存在；公允价格指的就是在垄断条件下的市场价格，其中包含"租"，政府征税就是要把这部分"租"收走。

可是又该如何发现公允价格呢？答案就是，商品的所有者自行报价，然后政府基于统计学得出该商品的周转率，以周转率为基础设定税率。税率乘以商品所有者的报价，就是他所应缴纳的税额，这就相当于他交出了基于垄断地位而获得的"租"。可是这样一来，商品所有者肯定有动力把价格报得很低，以便少缴税，那不还是无法发现公允价格吗？下一步的规定就来了：任何人基于商品所有者的报价，都可以无条件把该商品买走，也就是说，所有者的报价会自动进入一个拍卖市场。这样一来，所有者就没有动力报低价了，因为这样肯定会亏本；但他也没有动力报高价，因为得多缴税。于是，他报出的就会是个公允价格，政府以此为基础收走的税，就是恰当的"租"，它将会作为公共福利返还社会。这样一种拍卖机制，就是韦尔所说的"激进市场"。

我们试着想象一个具体案例就更能理解他的主张。比如，地方政府要修一条公路，需要征收若干块土地。某个地块的所有者就报了个远高于市场价的价格，政府可能会觉得不划算，就不征收这块地了，让公路绕个弯就行了。不过，此后这个土地所有者就得依照他报的高价来缴税，这肯定是不划算的，所以他在一开始就不会报高价；同时他也不会报低价，否则就算政府没征收这块土地，也会被别人便宜买走。他最终报出的一定是个公允价格。

现实中有这种激进市场吗？当然有。比如谷歌、脸书等互联网公司的广告位，就是这样一种拍卖机制：几秒钟更新一次，你所占据的广告位，随时会被出价更高的人买走；如果你觉得这个广告位值更高的价，你就会花比你的心理价位略微高一点的价钱，把这个广告位稳稳地占住。比那还高的价格，对你来说就是亏本的了，即使别人愿意出价买走，你也没意见。如此一来，所有广告主的报价都会是公允价格。

但是这种激进市场还有个问题，就是既然我对商品的所有权是不稳定的，随时可能被其他人买走，那我就没有任何动力进行投资了，反正弄不好投了之后也不是我的。也就是说，激进市场会提升资源的配置效率，但是会伤害投资效率，如此一来，对社会还是不好。韦尔进一步提出解决方案，那就是政府可以降低税率。只要税率降低了，人们就愿意对自己占有的商品报出更高的价格，别人就不那么容易买走了，占有变得稳定了，投资效率自然就上来了。可是这样又会伤害配置效率，但韦尔通过数学模型的计算发现：因降低税率而导致配置效率降低，由此所带来的损失，要小于因投资效率提高所带来的收益。因为随着商品价格的变动，垄断力量所造成的社会损失是以二次方的速率增长或减少的。所以最佳做法是设定一个适当低于周转率的税率，以平衡配置效率和投资效率。

韦尔还进一步地举了古希腊的例子，来表明这种类似于拍卖机制的制度设计有着悠久的历史。在古代雅典，要由1000名最富有的公民为国家的运作提供资金，而雅典人如何决定哪些人是最富有的1000人呢？被选出来的1000人中的任何一个人都可以对他认为比自己更富有的公民发起挑战，要求对方来承担出资责任。被挑战的人或者承担起出资的责任，或者与挑战者交换所有财产。这种制度就激励了每个人都要保持诚实，如实报出自己的财产。

说完了韦尔的脑洞，我们再来看看现实世界，很容易就会发现，他所说的"激进市场"，虽然在很多领域实现起来难度非常大，但在数字世界里是比较容易实现的。这就相当于把脸书之类的公司现在实行的广告位拍卖制度，进一步运用到更多的数据交易中。在信息技术时代，"激进市场"理论的想象力，很可能会为新的分配正义在经济学上找到理论表达，构成"全球数字治理联盟"的伦理基础。

"全球数字治理联盟"的运转，带来了以"数据分红"超越"数字鸿沟"的可能性。"数据分红"与"数字鸿沟"的区别，背后是经济伦理的深刻转变，以及对应的政治正当性逻辑的深刻转变。我们可以称之为从"生产的政治"向"分配的政治"的转型。从工业经济时代的个人权利向信息经济时代的个人权利的转型也会在这一过程中逐渐实现。

总结一下就是，随着信息技术的进展、自动化的展开，试图继续仅仅依靠工业经济时代的经济伦理来解决贫富分化问题，很可能已经行不通了。此时需要新的经济伦理将它替换掉，并演化出新的法权设置，形成"信息经济时代的个人权利"；新的伦理还需要被外化为一种"分配的政治"，以解决"生产的政治"所带来的问题。

向"分配的政治"的转型，并不是要取消现有的国际政治和经济的治理秩序，任何试图一劳永逸地全面改造全球秩序的方案，必定是不可行的。"分配的政治"应当以承认现有国际治理秩序的历史正当性为前提，由"全球数字治理联盟"作为重要的推动力量，发起一系列谈判进程，对现有的国际治理秩序进行渐进性改造，使其逐渐适应新的格局与需求。

我在以前的思考中，曾经认为这一系列谈判进程应当以国家为主导来发起。但是近几年与大观研究小组的同人们共同的研究和探讨让我意识到，国家只能是新的谈判进程的发起者之一，今天的全球经济逻辑已经不再是以国家为单位便能够覆盖的了，商人秩序已经到了必须走到前台的时候。

"全球数字治理联盟"便可能是我们所讨论的那种以商人为主导来推动的、超越于国家的全球机制。它以技术的演化为基础，以商人超越政治干扰的需求为动力，以"数字宪章"为其基本架构，以"数据分红"为其模式，以全球分配正义为其旨归。在国家间由于各种原因而形成政治对抗，彼此间的信任关系不断恶化之际，这种新的商人秩序可能在政治之外的规则空间中，重建人类普遍交往所必需的信任关系。这样一种新秩序的出现，需要国家逐渐超越民族主义的窠臼，更需要商人群体开始获得精神自觉。

在讨论这些问题的时候，我与一位朋友颇有共识地认为，近几年层出不穷的"黑天鹅"事件在各国间带来一系列紧张关系，释放出各种民族主义激情的狂热，然而这是一种19世纪式的激情，它是注定会消逝的回光返照，丝毫不代表未来。我们已经可以清晰地看到，今天是一个大洗牌的时代，属于上个时代的各种经验和认知框架，可能多半会失效，因为世界已经无法回到过去。我的朋友用一句精彩的话概括了今天的时代使命："如何在19世纪式的战争中，打造出属于21世纪中叶的秩序。"

在大洗牌的时代，未来需要更多的想象力和更大的勇气。

后 记

本书名为《破茧》,有双重意涵。在大洗牌的时代,一方面,我们必须突破信息茧房对我们视野和格局的限制,否则只能活在自己的想象里,无法理解真实的世界;另一方面,既有的治理秩序已经难以应对新的现实,一种新的治理秩序(很可能就是商人秩序或者书中构想的"全球数字治理联盟")也正待破茧而出。"破茧"一方面是对现实的诊断与回应,一方面是对未来的畅想与期待。自新冠疫情暴发以来,很多人都隐隐地感觉到,很可能再也回不到过去了。与其哀叹怀旧,何不努力去创想一个更有前景的未来?

我完全没想到会在2020年接连出版两本书,这也算我个人写作上的一个意外。

2018年元旦我的《枢纽:3000年的中国》一书发布,不久中国就陷入贸易战当中。《枢纽》中的假说是否会被颠覆？我和各个领域的朋友们做了大量的讨论，又在 2019 年与研究团队到越南做了深入的田野调研，完成了《溢出：中国制造未来史》一书，迭代了《枢纽》第七章中关于中国经济成长逻辑的解释，也就贸易战对中国的影响的问题给出了初步的答案。《溢出》在 2020 年除夕之夜发布，没想到，就在发布的前一天，武汉因为疫情封城，之后整个中国迅速陷入停摆状态，再之后，几乎整个世界陷入停摆状态。《溢出》中的假说是否还能成立？以及，在贸易战和疫情的夹击之下，世界可能再也回不到过去了，此前讨论的很多问题是否就此作废？必须重新弄清楚我们必须面对的到底是什么问题。只有这样，才能大致靠谱地推想，未来可能向何处去。

2020 年接二连三的"黑天鹅"事件，节奏快得几乎让人喘不过气，我暂且放下手头关于中国北方走廊地带的研究，与朋友们开始了新的探讨与思考。我们都直观地感受到，今天很可能正处在一个大洗牌的时代，对学者来说，这种时代是最能刺激新思考的。大洗牌时代的风云变幻令人目不暇接，仓促间难以对它做出细致稳妥的思考，于是我决定以札记的形式，把与朋友们探讨时所产生的各种思想火花记录下来。这些记录就成了我个人公众号上的"施展札记"系列文章，《破茧》也有了最初的雏形。这些思考，又迭代了《溢出》第七章中关于"商人秩序"的讨论。同时，《破茧》中关于国际政治分析的一部分内容来自我在得到 APP 上所开设的"国际政治学 40 讲"课程，在此也向得到 APP 表示感谢。如果你对我关于国际政治的更完整的思考感兴趣，欢迎去订阅课程。

感谢大观学术共同体的诸位同人，我在 11 年前有幸加入这个学术共同体，这么多年不间断的思想砥砺，让我收获了太多。从《枢纽》到《溢出》再到《破茧》，都离不开与大观小组诸位同人的不间断讨论。《破茧》中关于以国际数据公司为基础的商人秩序的很多思考，尤其受益于与小组中于向东、张笑宇、翟志勇、李筠、李永晶、泮伟江、周林刚、许小亮等位师友的持续深入讨论。当然，文中倘有错谬，责任都在我。云南大学的关凯老师，就是我在本书结尾处提到的那位朋友，也感谢他的启发。

我的相关思考也脱不开与实务界朋友们的探讨。感谢字节跳动公司，一方面是它在 2020 年的一系列困境，给我提供了重要的观察素材；更重要的是，通过字节跳动公司，我与其他行业的更多朋友相识，他们给我提供了更多关于数据经济的一手信息与观察，帮我校正了很多在书房里不切实际的想象。

感谢爱道思人文学社以及博集天卷的诸位同人。爱道思的仇悦最先动议把"施展札记"系列结集出版，孙博翔、吕文志两位参与了繁重的文字整理工作；博集天卷的吴文娟、董卉两位编辑协力促成此事。没有这些朋友的推动与帮助，就不会有《破茧》这本小书的面世。

最后还要感谢我的家人。从写作《枢纽》开始，几年来我一直持续地沉浸在写作当中，几乎没有停歇，对家务的参与很有限，没有家人对我的包容（甚至可以说是纵容），这几本书也都无法面世。

完成了《破茧》，我会回到这几年在持续进行的对中国北方走廊地带的研究中，继续我的"历史学才是真正的未来学"的努力。实际上，对北方走廊地带的研究与对信息时代新秩序的研究，相当于我思考"中国"问题时的一体两面，两种研究中的很多思考会相互激荡。

《破茧》一书的第三部分对未来做了非常大胆的畅想，也许未来会证明其中某些畅想不过是不切实际的空想，唯愿它能够激发更多的朋友一起参与到对未来的思考当中。

也许，未来就会这样来了。

施展

2020 年 8 月 21 日于北京

注　释

1. 乌尔里希·贝克:《风险社会》,何博闻译,译林出版社,2004,第18页。
2. 孟德斯鸠:《论法的精神》(上卷),张雁深译,商务印书馆,1961,第19页。
3. 本尼迪克特·安德森:《想象的共同体——民族主义的起源与散布》,吴叡人译,上海人民出版社,2005。
4. 参阅施展:《溢出:中国制造未来史》,中信出版社,2020。
5. 这一章的内容我在《枢纽:3000年的中国》(广西师范大学出版社,2018)和《溢出:中国制造未来史》(中信出版社,2020)两本书中都有过讨论,这里复述了两书中的相关内容,并加上了一些近期的相关思考。
6. 感谢王煜全先生在这个问题上与我的多次探讨,他用大量的案例帮助我验证并进一步完善了相关思考；尤其是在《拜杜法案》上的讨论，对我有重要启发。

7. 参阅 Mona Haddad, "Trade Integration in East Asia: the Role of China and Production Networks", *World Bank Policy Research Working Paper* 4160, March 2007。

8. 相关讨论参见施展：《溢出：中国制造未来史》，中信出版社，2020。

9. R. Robinson and J. Gallagher, "The Imperialism of Free Trade, 1814—1915", *Economic Review*, 2nd ser, vi(1953).

10. 亨利·基辛格：《选择的必要》，国际关系研究所编译室，商务印书馆，1972，第25页。

11. 本小节下面的讨论主要来自施展：《溢出：中国制造未来史》第三章、第四章，中信出版社，2020。

12. 这些假说最初来自施展：《枢纽：3000年的中国》，第七章第一节、第二节。是我在与大观学术共同体这十多年来的共同研究当中逐渐发展起来并不断迭代的。

13. Jeffrey Ding, "Deciphering China's AI Dream", 2018, Future of Humanity Institute, University of Oxford. See https://www.fhi.ox.ac.uk/wp-content/uploads/Deciphering_Chinas_AI-Dream.pdf.

14. 吕倩：《脸书"变脸"？扎克伯格称禁用TikTok将开创糟糕先例》，第一财经，2020年8月7日。

15. 卿滢：《特朗普对TikTok等挥大棒，各界忧将开危险先例》，财新网，2020年8月8日。

16. 本节内容的主体来自施展:《溢出:中国制造未来史》的第七章,中信出版社,2020。更加完整系统的论证,详见《溢出》。

17. 相关思考可参见埃里克·A.波斯纳,E.格伦·韦尔:《激进市场:战胜不平等与经济停滞的经济模式》,胡雨青译,机械工业出版社,2019,第22页。我曾与孙立林先生就这本书中所提出的相关主题做过深入讨论,获得很多启发,特此致谢。

18. 埃里克·A.波斯纳,E.格伦·韦尔:《激进市场:战胜不平等与经济停滞的经济模式》,胡雨青译,机械工业出版社,2019,第47—48页。

各界推荐

近年来"黑天鹅"事件接踵而至。怎样应对变局成为社会普遍困惑和焦虑的问题。如果不能突破封闭的"信息茧房"的禁锢,就只能重复过时的空洞词句,循着老路故步自封。施展教授《破茧》一书打破陈旧观念的遮蔽,突破"信息茧房",直面事实本身去寻求答案。他运用丰富的事实材料和严谨的逻辑推理,对当代世界的一系列重大问题进行了细致的分析,给出了明确的回答。这本书在思想上给读者启发,而且给人以许多相关的知识,具有很强的可读性。当然,面对如此复杂的问题,对于相关的事实和得出的结论,人们必然会有不同的看法,甚至会展开争论。然而正因为如此,阅读和讨论这本书可以成为我们追索信源、检验论据、建立新的社会共识的一个契机,所以很值得向有心的读者推荐。

——吴敬琏

施展是年轻一代学人中的佼佼者,他的格局比视野要宽,视野又比知识更广;比他敏锐的往往不及他深刻,比他深邃的往往又不及他敏感。作为一个全能型的观察者，他既有专业的目光，又有跨界的通透。

——许纪霖

这是一部融责任感、勇气、激情和想象力之作。作品直面当下各种"大问题"，并从历史经验、学理和现实展开三个维度予以剖析和论证，提出解释框架，试图给出答案，逻辑相当强大，具有说服力。尾章的"全球数字治理联盟"构想，以及基于此提出的带有政治哲学性质的"全球分配正义"，予人启发，并提升了全书的品质。

——刘苏里

近年来人们普遍感觉到，理论日益精细化、专门化，但在大变局时期，越是精细化、专门化的理论，对现实的解释力可能就越有局限。施展在《破茧》一书中以大开大阖的视野调用了多个学科的知识，对当下的各种困境做了多向度的分析，全书最后落脚于对"全球数字治理联盟"的构想，努力将各种价值考量落实为具体的法权方案，并探讨其伦理基础。这样的理论努力为当下打开了极富想象力的思考方向，可以构成未来讨论的一个起点。

——高全喜

这是一位思想者对剧变时代的应答，带着关切、责任与勇气。曾在长程历史探究中沉浸多年的作者，如今直面当下的困境，针对未来的风险与难题，在新颖的视野中提出别开生面的构想，带给我们一部富有挑战性的思想探索力作。

——刘擎

施展教授不像两耳不闻窗外事的书斋型专家，哪怕是高度理论性的写作，也有着高度的现实关注；也不像密切关注时事的策论型作者，他总能从现实关注上升到令人赞叹的理论高度。他在《破茧》的讨论中，自如穿梭于理论和现实之间，想要理解当今世界和构想未来秩序的人，不应错过此书。

——徐小平

施展的学术思考始终紧扣时代问题，有着强烈的现实感。从《枢纽》到《溢出》再到《破茧》，他不断推进"历史学才是真正的未来学"的思考，一方面进入更微观的实证观察，一方面进入更宏观的理论架构。这样的写作对这个时代是极有价值的。

——罗振宇

© 中南博集天卷文化传媒有限公司。本书版权受法律保护。未经权利人许可，任何人不得以任何方式使用本书包括正文、插图、封面、版式等任何部分内容，违者将受到法律制裁。

图书在版编目（CIP）数据

破茧 / 施展著 . -- 长沙：湖南文艺出版社，2021.1（2023.7 重印）
 ISBN 978-7-5404-7973-2

Ⅰ . ①破… Ⅱ . ①施… Ⅲ . ①信息经济—研究—世界 Ⅳ . ① F491

中国版本图书馆 CIP 数据核字（2020）第 190682 号

上架建议：社科·国际政治

POJIAN
破茧

作　　者：	施　展
出 版 人：	陈新文
责任编辑：	丁丽丹
监　　制：	吴文娟
策划编辑：	董　卉
文案编辑：	刘　君
营销支持：	刘晓晨　刘　迪　秦　声
封面设计：	利　锐
版式设计：	李　洁
内文排版：	百朗文化
出　　版：	湖南文艺出版社
	（长沙市雨花区东二环一段 508 号　邮编：410014）
网　　址：	www.hnwy.net
印　　刷：	三河市中晟雅豪印务有限公司
经　　销：	新华书店
开　　本：	680mm × 955mm　1/16
字　　数：	172 千字
印　　张：	18
版　　次：	2021 年 1 月第 1 版
印　　次：	2023 年 7 月第 5 次印刷
书　　号：	ISBN 978-7-5404-7973-2
定　　价：	58.00 元

若有质量问题，请致电质量监督电话：010-59096394
团购电话：010-59320018